사막교부들의 삶

사막교부들의 삶
The lives of the Desert Fathers

초판 발행 1994년 7월 20일
재판 발행 2007년 11월 10일
　편저자 노만 러셀(Norman Russell)
　편역자 이후정 · 엄성옥
　발행처 은성출판사
　　　　 1974년 12월 9일 제9-66호
　　　　 서울시 강동구 성내동 538-9
　　　　 TEL: 02) 477-4404
　　　　 FAX: 02) 477-4405
　　　　 http://eunsungpub.co.kr

ⓒ은성출판사, 2007

출판 및 판매에 관한 모든 권한은 본 출판사가 소유하고 있습니다.
은성출판사의 사전 서면 허락 없이 상업적인 목적으로 번역, 재제작, 인용, 촬영, 녹음 등을 할 수 없음을 알려 드립니다.

ISBN 89-7236-097-X 33230
Printed in Korea

The Lives of the Desert Fathers

edited by
Norman Russell

사막교부들의 삶

노만 러셀 편저
이후정·엄성옥 공역

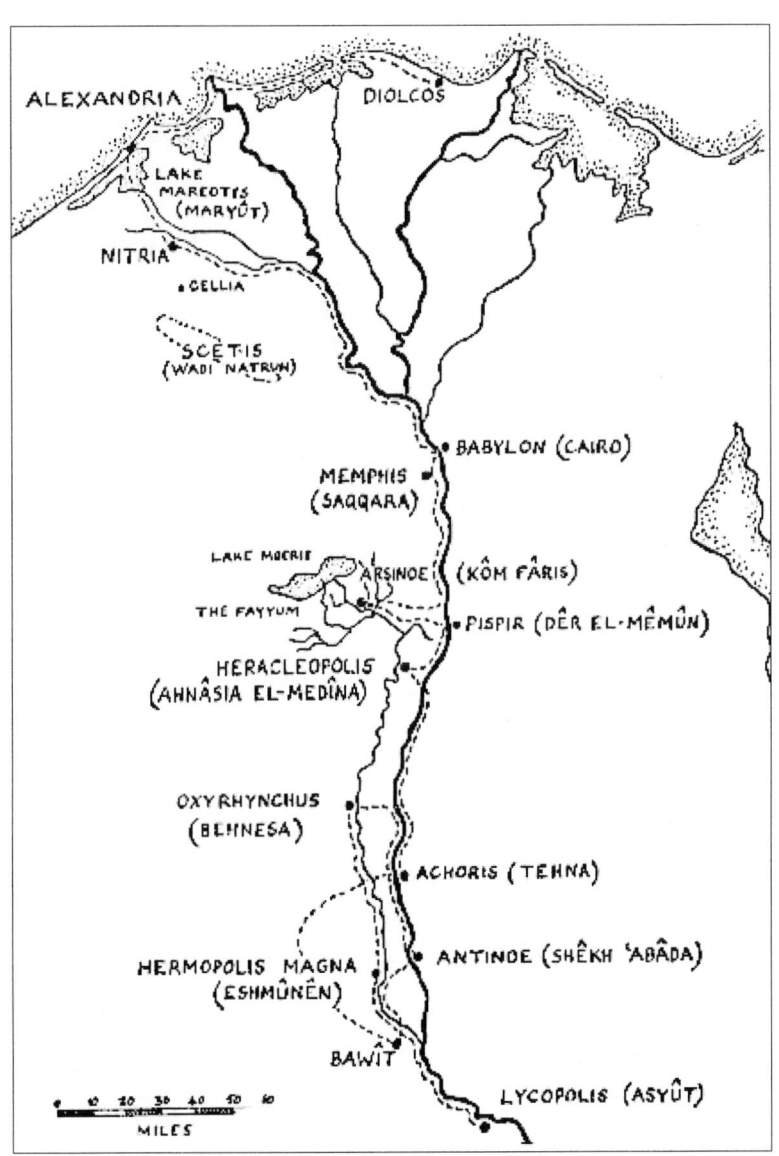

이집트 여행도

차 례

약어표 11
제1부 개론
   1. 이집트 수도원 역사: 원문 및 자료 15
   2. 세상을 지탱해 주는 사람들 29
   3. 이집트 수도원의 형태 41
   4. 이집트 수도생활의 이상과 통찰 55
   5. 사막의 기적 71

제2부 사막 교부들의 삶
   서언 85
   리코폴리스의 존 93
   사부 오르 123
   암몬 129
   베스 131
   옥시린쿠스 133
   테온 137
   엘리아스 139
   아폴로 141
   아모운 167
   코프레스 173
   파테르무티우스 175
   소우로우스 189

헬레 193
아펠레스 201
존 203
파프누티우스 207
피티리온 217
율로기우스 219
이시도레 221
사라피온 223
순교자 아폴로니우스 225
디오스코루스 231
니트리아의 수도사들 233
마카리우스 239
아모운 247
알렉산드리아의 마카리우스 251
폴 253
피암모나스 257
존 259

후기 261
참고 문헌 267
연대표 271

약어표

Acta SS	*Acta Sanctorum*, ed. the Bollandists, Antwerp and Brussels, 1643 ff. in progress.
ACW	*Ancient Christian Writers*, ed. J. Quasten and J. C. Plumpe, Westminster, Marlyland and London.
Anal. Boll.	*Analecta Bollandiana*, Paris and Brussels, 1882 ff.
DACL	*Dictionnaire d'archéologie chréienne et de liturgie*, ed. F. Cabrol and H. Leclercq, Paris, 1907-53.
DS	*Dictionnaire de spiritualité* ed. M. Viller, F. Cavallera and J. de Guibert, Paris, 1937 ff., in progress.
HM	*Historia Monachorum in Aegypto*, ed. A.-J. Festugière, Brussels, 1961 and 1971.
HM(Fr.)	French translation by A.-J. Festugière, Les moines d'Orient IV/1, *Enquête sur les moines d'Egypte*, Brussels, 1964 and 1971.
Lausiac History	*Palladius, Lausiac History*, ed. C. Butler, *Texts and Studies 6*, Cambridge, 1898-1904
Life of St Antony	Athanasius, Vita S. Antonii, PG. 26, cols 835-976; trans. R. Meyer, ACW 10, 1950.
LSJ	*A Greek-English Lexicon*, ed. H. Liddell, R. Scott and H. Jones, Oxford, 1977.
Milne	J. G. Milne, *Egypt under Roman Rule*, London, 1924.
OCA	*Orientalia Christiana Analecta*, Rome, 1923 ff.
PG	Migne, *Patrologiae cursus completus.Ser. grae-*

	co-latina, Paris, 1857-66.
PGL	A Patristic Greek Lexicon, ed. G.W.H. Lampe, Oxford, 1961.
Philotheos	theodoret, *Histoire des moines de Syrie,* SC 234, Paris, 1977.
PL	Migne, *Patrologiae cursus copmletus*. Ser. latina, Paris, 1844-55.
Pitra	*Juris Ecclesiastici Graecorum, Historia et Monumenta*, ed. J.B. Pitra, 2 vols, Rome, 1864.
Rufinus	Rufinus, *Historia Monachorum in Aegypto*, PL. 21, cols 387-462.
SC	*Sources chrétiennes*, Paris, 1942 ff.
Veilleux	A. Veilleux, *La Liturgie dans le cénobitisme pachô mien au quatrième siècle, Studia Anselmiana* 57, Rome, 1968.
White	H.G. Evelyn White, The Monasteries of the Wadi'n Natrum: Part II *The History of the Monasteries of Nitria and Scetis*, New York, 1932-3.

제1부

개론

1
이집트 수도원 역사: 원문 및 자료

당신이 이집트의 은거지들을 찾아다니며, 또 수도사들과 땅 위에 있는 천국 가족들을 순회 방문하고 있다는 소식을 듣고 있습니다. 마침내 충만한 진리의 기쁨이 내게 임했습니다. 루피누스 Rufinus가 니트리아 Nitria에 있으며 복된 마카리우스 Macarius에게 도착했기 때문입니다.[1]

375년 제롬은 안디옥에서 친구 루피누스에 이렇게 편지를 썼으며, 몇 년 후 루피누스는 자신이 이집트를 방문했던 일을 회상하면서 다음과 같이 기록했다.

우리가 그곳에 가까이 갔을 때 그들은 이국 형제들이 오고 있다는 것을 알고서는 마치 벌떼처럼 자신들의 수도처에서 밀려 나왔습니다. 그들은 기뻐하면서 급히 다가와서 우리를 맞이해 주었습니다.

그는 또 스케테 Scetis 여행의 마지막 단계에 대해서는 "이곳은 아주 적막한

---

1) *Letters of Jerome*, translated by T. C. Lawler, ACW, London, 1963, Letter 3, p. 31.

사막입니다. 수도사들은 자기의 수실에 홀로 거하고 있습니다‥이곳에는 깊은 침묵과 고요만이 있을 뿐입니다"2)라고 기록했다.

    4세기 말엽에 이르러 루피누스와 같은 방문객들 때문에 사막의 깊은 침묵이 깨지곤 했다. 약 50여 년 전, 이집트의 여러 사막에서 다양한 수도생활이 시작되었다. 그들은 엄청나게 번성했다. 394년 여행자들의 보고에 의하면 사막에 거하는 사람들의 수가 여러 도시의 주민들의 수와 같았다고 한다. 은수사들에 대한 소문이 퍼져 있었으며 그 소문이 기독교 세계 전체에 알려졌다.

    초기 수도사들에 대한 중요한 기록은 『교부들의 금언』3)에서 발견되는데, 이 책은 수도사들이 편찬하여 보급한 책이다. 최초의 이집트 수도사들로 여겨지는 이들에 의해 수집된 금언집들은 독특한 면에서 진정성을 가지고 있다. 그것은 수도사들의 생활 방법이나 그들의 교훈들을 기록한 것도 아니다. 다만 제자들이 본 스승의 모습을 기록한 것에 불과하다. 그 자료에는 문학적 기교가 거의 없다. 그것은 "산속에 있는 험한 사막"인 안티노에 Antinoë 의 경치처럼 거칠고 울퉁불퉁하다. 그러나 이 책이 출판된 이후 보다 좀 더 정교하고 세련된 책들이 출판되었다.

    위대한 성자 안토니는 356년에 사망했으며, 그로부터 1년이 못 되어 아타나시우스가 그의 전기를 저술하기 시작했다.4) 그는 안토니를 잘 알고 있었으며, 젊었을 때 안토니와 함께 생활한 적도 있었다. 또 안토니가 알렉산드

---

2) Rufinus, *Historia Monachorum in Aegypto*, PL 21, 443C, 444C.

3) *Apophthegmata Patrum, Alphbetical Collection*, PG 65, 71-440. English translated by Benedicta Ward, *The Sayings of the Desert Fathers*, London & Oxford, 1975.

4) Athanasius, *Vita S. Antonii*, PG 26, 835-976. English translation by R. T. Meyer, *The Life of Saint Antony*, ACW, London, 1950.

리아에 있는 아타나시우스를 방문한 적도 있다. 그리스어로 저술된 이 전기는 그리스어를 사용하는 지역에서 즉시 널리 읽혀지게 되었다.

몇 년 후에 안디옥의 에바그리우스 Evagrius[5])가 이 전기를 라틴어로 번역했다. 이것은 수도원 운동의 아버지에 관한 기록을 간절히 요청한 해외의 형제들을 위한 일이었다. 그들은 그 기록을 마음에 새겨두고서 안토니의 열정적인 삶을 본받아 생활했다. 아타나시우스가 저술한 『성 안토니의 생애』 The Life of St. Anthony 와 에바그리우스가 번역한 라틴어판은, 4세기경 이집트 사막에서의 생활을 다룬 최초의 문헌으로서 수도생활과 성인전 편찬에 막대한 영향을 미쳤다.

안토니를 찬양한 이 전기 외에도 4-5세기에 사막을 방문한 방문객들이 기록한 여러 글들이 있다. 이집트를 여행한 사람들은 자기들이 그곳에서 본 수도원 운동에 대해 이야기를 했었는데 『성 안토니의 생애』의 출판으로 말미암아 그들의 놀라움이 사실이었음이 확인되었다. 그리하여 열심을 갖게 된 사람들은 수도사들에게서 직접 가르침을 받기 위해 이집트 여행을 시작했다. 위대한 바실 Basil, 루피누스 Rufinus, 멜라니아 Melania, 제롬 Jerome, 팔라디우스 Palladius, 요한 카시안 John Cassian, 그리고 게르마누스 Germasnus 등이 사막을 찾았다. 이들의 기록을 통해서 우리는 사막에서의 생활 모습을 그려볼 수 있다. 물론 그것은 국외자의 시각에서 본 것으로서, 짧은 방문 기간 동안에 그들이 관찰한 것과 들은 것에 의존한 것이다. 게다가, 이러한 기록들은 콥트 수도사들과는 너무나 다른 청중들의 교화를 위해 작성된 것이다. 주로 서방 세계의 수도사들, 완전히 새로운 육체적, 정신적 상황 하에서 동일하게 영적인 길을 따르기를 갈망하는 사람들을 염두에 두고 기록한 것들이다. 이들 방문객들은 이집트에 가서 수도사들의 영접을 받았으며, 교부들의 생활

---

5) Evagrius, *Vita S. Antoni*i, PG 26, 833-976.

을 관찰하고, 그들과 대화를 했다.

　그러나 이들 외에도 여행자들이 있었는데, 그들은 수도사들을 만나기가 어려웠다. 수도사들은 이들 여행자들을 정중하게 대해 주었지만 허물없이 대해 주지는 않았다. 예를 들자면, 어느 수도사는 자기의 하인에게 방문객들을 두 종류로 구분하여 알리도록 가르쳤다. 만일 하인이 "예루살렘에서 방문객들이 오셨습니다"라고 말하면, 그는 그들을 영접하여 그들이 원하는 기간만큼 그들과 함께 머물며 대화하겠지만, 만일 하인이 "이집트에서 방문객이 오셨습니다"라고 말하면, 그들에게 약간의 음식을 대접한 후에 그냥 떠나보내려 했다.

　4세기 말 이집트 지방을 여행한 일을 그리스어로 기록한 것이 『이집트 수도원 역사』6)이다. 나는 이것을 이집트 수도생활을 다룬 이 서술의 기본 자료로 사용했다. 현대 학자들 중에는 의심을 표명하는 사람들도 있지만,7) 나는 『이집트 수도원 역사』가 실제의 여행기라고 확신한다. 80년 전 돔 커트버트 버틀러Dom Cuthbert Butler도 역시 동일한 결론에 도달했는데, 그가 그러한 결론을 내리게 된 주요 이유들은 지금도 강력하게 작용하고 있다.

　첫째, 남쪽 지방에서부터 시작하여 북쪽 지방으로 올라가면서 옥시린쿠스Oxyrhynchus를 제외하고 11개의 확실한 장소와 2개의 추측상의 장소를 묘사했는데, 그 지방을 직접 여행해 보지 않은 사람은 이렇게 묘사할 수 없다.

　둘째, 여행 기간인 394-395년을 기준으로 볼 때, 주요 은둔자들의 추정

---

6) *Historia Monachorum in Aegypto*, Greek text ed. A. J. Festugiére, *Subsidia Hagiographica* 34, Brussels, 1961.

7) Owen Chadwick, *John Cassian*, Cambridge, 1968, pp. 7-8을 보라.

나이가 정확하다.

  셋째, 후기_後記_에 열거하고 있는 위험성들은 이들 주위의 새로운 환경을 생생하게 설명해 준다.8)

  버틀러에게 있어서 문제가 된 것은, 옥시린쿠스라는 곳의 위치가 이상하게 설정되어 있다는 점이었다. 그리스어 원본과 라틴어 역본에서는 이 도시가 아주 남쪽에 위치한 것으로 보고 있다. 만일 이것이 실제의 여행을 기록한 것이라면, 저자는 옥시린쿠스의 위치에 대해 설명할 수 있을 것이다. 나일 강 왼쪽에 위치한 성읍들은 강에서 어느 정도 떨어진 곳에 위치한다. 리코폴리스_Lycopolis_에서 약40마일 아래쪽에서 나일 강 지류들은 왼쪽으로 꺾인다. 바르 유스프_Bahr Yûsuf_라는 이 운하는 나일 강과 나란히 흘러 헤르모폴리스 마그나, 옥시린쿠스, 헤라클레오폴리스를 거쳐 파이윰에 있는 모에리스 호수로 흘러 들어간다. 여행자들은 첫 여행 때는 바르 유스프 곁에 있는 계곡을 따라 내려간 듯하다. 그러므로 여행 장소들은 우리가 이해할 수 있는 순서에 따라 열거되어 있다. 만일 후기에 언급된 모험의 기회가 주어진다면, 그 여행을 어느 정도 상세하게 재구성할 수 있을 것이다.

  여행자들은 리코폴리스_Asyût_에 있는 존을 방문한 후에, 나일 강을 따라 항해하여 바르 유스프에 도착했다. 그들은 헤르모폴리스 마그나_Eshmûnen_ 근처에 있는 암몬_Ammon_의 수도원에 이르렀다. 그들은 여행 중에 한 곳에 들러 사부 오르_Abba Or_를 만났다. 그들은 헤르모폴리스를 떠나 계속 바르 유스프를 따라 옥시린쿠스_Behnesa_를 향해 계속 여행하면서 도중에 사부 베스_Abba Bes_를 방문했다. 옥시린쿠스에서 그리 멀지 않은 곳에서 그들은 테온_Theon_을 만났다. 그 다음에 그들은 농촌 지방을 가로질러 나일 강으로 돌아갔는데, 이번에는 동쪽으로 약10마일 정도 갔다. 후기에 묘사된 습지대와 늪지대에서의

---

8) *Lausiac History*, vol. I, pp 198-203.

체험은 이 단계에서의 일인 듯하다. 나일 강에 도착한 후, 그들은 상류에 있는 안티노에 Shêkh 'Abâda를 향해 항해했다. 도중에 아코리스를 지나가게 되었으나 그곳을 방문하지는 않았다. 안티노에를 떠난 그들은 엘리아스 Elias를 만나기 위해 위험한 여행을 했다.

이 시점에서 그들은 서로 헤어졌다. 아마 엘리아스를 만나기 위해 무서운 사막 여행을 해야 한다는 것이 몇 형제들에게는 부담이 되었던 듯하다. 저자는 2명의 동료와 함께 바윗 Bawit에 있는 아폴로의 수도원을 향해 출발했다. 이곳은 나일 강 상류 쪽으로 25마일 올라가서 강의 서쪽으로 5마일 정도 거리에 있었다. 아폴로와 함께 일주일을 보낸 후에, 그들은 다른 교부들을 만나보기 위해 안내인들과 함께 사막으로 출발했다. 우연히 그들은 코프레스 Copres를 만났다. 그는 아폴로가 영적 담화를 하면서 보낸 기간과 거의 같은 기간을 그들과 함께 이야기를 하면서 보냈다. 마침내 그들은 아코리스에 도착했다. 이곳은 바윗에서 북쪽으로 45마일 거리에 있었다. 그들은 코프레스를 만난 후에 안내인 없이 여행하다가 사막에서 길을 잃고 5일 동안 밤낮으로 헤맸던 것 같다. 그들은 아코리스에서 아펠레스 Apelles를 만났으며, 안티노에에서 헤어진 후에 쉬운 여행 경로를 택하여 이곳에 도착한 동료들과 합류했을 가능성이 많다.

일행은 아코리스를 떠나서, 파프누티우스 Paphnutius의 은둔지를 방문하기 위해 헤라클레오폴리스를 향해 다시 나일 강 하류로 70마일을 여행했다. 이곳에서 다시 도보나 선편으로 20마일을 여행하여 피스피르 Pisper에 도착했다. 이곳에서 그들은 피티리온 Pityrion에게서 영들을 분별하는 법에 관한 이야기를 들었다. 그 후 피스피르를 떠나서 서쪽으로 25마일 거리에 있는 아르시노에 Arsinoë를 향했다. 아마 그들은 사흘 동안 물 속을 헤치며 여행해야 했던 것 같다.

그 다음에 언급하고 있는 곳은 바벨론(카이로 근처)과 멤피스이다. 아르시노에에서 직선으로 45마일을 가면 사막의 북서쪽에 이른다. 만일 그들이 이 노선을 따라갔다면 길을 잃었을 것이다. 그러나 그들은 이미 사막 여행의 교훈을 터득했기 때문에 강으로 돌아갔을 것이다.

바벨론과 멤피스는 델타 지역이 시작되는 곳이다. 일행은 나일 강의 왼쪽 지류를 따라 항해한 후 리쿠스$_{Lycus}$라는 운하를 따라 여행하여 니트리아$_{Nitria}$ 근처에 상륙했다.9) 그들은 니트리아로 가는 도중에 악어를 만났다. 일행이 니트리아에 있는 동안 저자는 혼자 켈즈$_{Cells}$를 향해 여행했던 것 같다. 일행은 니트리아에서 마레오티스 호수를 건너 알렉산드리아로 갔다. 알렉산드리아는 반대편 해안에 있었다. 그들은 알렉산드리아를 떠나서 해안선을 따라 디올코스$_{Diolcos}$로 가는 도중에 강도를 만났다. 아마 디올코스에서 그들은 팔레스틴으로 가는 배를 탔을 것이다.

이 이야기에서 지명들을 거론하는 순서는 이집트의 지도에 등장하는 지명들과 잘 들어맞으므로 저자의 여행이 문학적인 허구라고는 생각되지 않는다.

『이집트 수도원 역사』$_{Historia\ Monaschorum}$의 라틴어 본문은 아퀼레이아의 루피누스의 저서로 여겨져 왔다. 제롬은 그것을 루피누스의 원작이라고 생각했다. 그러나 내적인 증거로 미루어 볼 때, 루피누스는 그 책에 묘사된 여행을 하지 않았다. 물론 그는 그보다 앞서 그 책에 언급된 이집트 지역들을 방문한 적이 있었고, 자기의 다른 저서에서 여러 수도사들에 대해 언급하기도 했다. 라틴어판 『이집트 수도원 역사』$_{Historia\ Monaschorum}$는 잘 알려져 있으며, *Patrologia Latina* 제21권에 수록되어 있다. 그리스어 본문은 라틴어 본문과 아주 흡사한데, 루피누스의 저서보다 먼저 저술된 것이다. 루피누스

---

9) 리쿠스와 니트리아에 대해서 알려면 White, pp. 18-19을 보라.

가 이집트에 관한 자신의 기사를 쓸 때 이것을 기초로 했다. 그는 친히 그곳을 방문하여 사람들을 만나 보았으며 그곳에서의 체험을 자기의 일생에서 가장 귀중한 체험으로 생각했으며, 그것에 맞게 내용을 추가하고 수정했을 수도 있다. 그리스어 본문은 팔라디우스의 *Lausiac History*의 일부로 간주된 적이 있었다.10) 그러나 버틀러의 저서를 통하여 그것이 별개의 서술임이 증명되었다. 최근에 Père A. J. Festugière가 *Historia Monaschorum*의 본문을 하나의 독립된 저서로 편집하였다. 이것은 약간의 비평을 받기도 했지만 가장 결정적인 판이며, 여기서 번역의 원문으로 삼았다. 그리스어 저서의 저자는 알려져 있지 않다. 버틀러는 412년 경 알렉산드리아의 집사장이었던 티모테우스Timotheus가 저자라고 추정하는데, "이것은 단순한 추측일 뿐이며, 나는 그것을 전혀 중요하게 여기지 않는다"고 말했다.11) 더워스 치티Derwas Chitty는 돔 버틀러보다 더 이 문제를 강조했던 소조멘Sozomen의 주장을 반복한다.12) 그러나 예루살렘의 감람산 위에 루피누스가 세운 수도원의 수도사에 의해 그리스어 원문이 기록되었다는 것 이상으로 논의를 비약하는 것은 헛된 일일 것이다. 그는 자신이 실제로 팔레스틴 출신의 여섯 명의 수도사들과 함께 한 여행에 대해 묘사하고 있다고 말한다. 저자의 인적 사항은 최소한 두 곳에서 드러나는데, 그곳에서 저자는 흔히 사용하던 일인칭 복수를 사용하지 않고 일인칭 단수를 사용한다. 즉, 저자가 고대 이집트의 이교 신앙에 대해 개인적으로 아폴로에게 자세하게 문의할 때, 그리고 혼자서 요셉의 곡물 창고들(피라미드)을 조사하러 갈 때, 일인칭 단수를 사용한

---

10) 이 두 원문에 대한 상세한 논의를 위해서는 *Lausiac History*, vol. I, pp 10-15와 부록 I. pp. 276-7을 보라.

11) *Lausiac History*, vol. I, appendix I, pp. 264-7.

12) Derwas Chitty, *The Desert a City*, Oxford, 1966, p 51 and p 62.

다. 그는 켈리아_Cellia 혹은 켈즈_Cells라고 알려진 곳에 있는 암모니우스 Ammonius를 만나기 위해서 혼자서 원정을 하기도 했다. 독립적이고 탐구적인 정신을 가진 자로서, 그는 원정 이후의 기록자로서 지도자적인 인물이었던 듯하다.

루피누스의 라틴어판에서는 375년의 니트리아 방문을 다룬다. 버틀러는 이 판과 그리스어 본문, 그리고 그보다 훨씬 짧은 소조멘의 그리스어판과의 관계에 대해 논했다. 그는 소조멘의 판은 라틴어판을 요약한 것이라고 결론지었다.13) 루피누스는 라틴어판 제24장에서 마카리우스에 대해 좀 더 많은 것을 알려면 자신의 저서인 *Ecclesiastical History* 제11권을 보라고 했는데, 이것은 400년 이후에 저술된 것이다. 루피누스가 사망한 것이 410년의 일이므로, 그 서술은 그 사이의 10년 동안에 저술된 것이라고 볼 수 있다. 버틀러가 주장한 바와 같이, 라틴어 본문의 어떤 부분들은 루피누스 이후에 추가된 것이다. 특히 제1장 첫 부분에 등장하는 성 세실리아의 축제송, 그리고 단순한 자 폴_Paul the Simple의 것이라고 주장되는 그리스도의 뜻에 관한 설교 등은 추가된 것이지만, 그 근원을 『성 베네딕트의 수도규칙』에 두고 있다. 그러나 루피누스의 라틴어판과 그리스어판과의 차이점들은 일반적으로 그의 번역 방법에 따른 것이다. 그는 원문을 분명하게 옮기기 위해서 자료들을 풀어서 설명하고 소개하는 방법을 사용한다. 에바그리우스가 번역한 라틴어판 『성 안토니의 생애』와 마찬가지로, 루피누스는 그리스어를 번역함에 있어서 단어 하나하나에 구애되지 않았다.

> 한 언어의 단어를 다른 언어의 단어로 그대로 직역하게 되면, 그 단어의 의미를 흐리게 하고 묵살하는 결과를 초래하게 된다.14)

---

13) *Lausiac History*, vol. I, appendix I, pp 264-277.

루피누스의 역본에 추가된 것들은 특히 그 자체로 가치가 있으며, 그리스어 원문과는 달리 보다 세련된 문체와 문학적 의미와 통찰을 지니고 있다. 특히 귀중한 것은 니트리아와 스케테에 관한 루피누스의 특별 자료이다. 이것은 이들 수도원의 지형을 알아보는 데 사용되는 주요 자료이다.

이제 392년의 여행 기록으로 돌아가 보자. 이집트 여행은 쉽지 않았다. 리코폴리스의 존이 이 여행자들이 사막을 여행하기로 결정한 것을 기뻐하면서 축하한 말에는 진정한 경모가 배어 있다.

사랑하는 자녀들이여, 그대들은 볼 만한 것이나 경모할 만한 것을 전혀 소유하고 있지 않은 단순하고 가난한 사람들을 방문하려는 갈망에서 그처럼 수고스러운 여행을 시작하셨는데, 어떤 놀라운 일을 발견하게 될 거라고 기대했습니까?…나는 여러분들의 열심에 놀라고 있습니다. 우리들은 게을러서 동굴에서 나오는 것조차 원치 않는데, 당신들은 덕을 배양하기 위해 많은 위험을 무릅쓰고 우리를 찾아오셨으니 말입니다.

그들은 자신이 이집트 수도사들에게서 직접 수도생활에 대해 배우기 위해서 왔으며, 대화뿐만 아니라 관찰에 의해서 보다 많은 것을 배우기를 원한다고 말했다.

우리는 영혼의 유익을 위해서 예루살렘에서 당신을 찾아 이곳에 왔습니다. 소문으로 들은 것을 직접 눈으로 보기 위해서입니다(귀로 듣는 소문은 직접 눈으로 보는 것만큼 신빙성이 없기 때문입니다). 귀로 들은 것은 종종 잊어버리지만 눈으로 본 것은 쉽사리 기억에서 지워지지 않고 그림처럼 우리 마음에 새겨져 있기 때문입니다.

방문객들은 그곳에서 수도사들의 말을 듣고 또 그들의 행동을 관찰하려 했다. 그런데 놀랍게도 수도사들과 의사소통을 하는 데 있어서 언어상의 문

---

14) Evagrius, *Vita S. Antonii*, epilogue, PG 26, 975B.

제는 전혀 없었던 것 같다. 여행자들은 팔레스틴의 감람산 출신의 수도사들이었는데, 그들은 그리스어와 라틴어는 할 줄 알았지만 콥트어는 몰랐다. 따라서 그리스어를 알지 못하는 교부들을 방문했을 때는 통역자가 필요했다. 그들과 서로 대화할 때는 라틴어를 사용했지만, 그리스어를 어느 정도 아는 사람들을 찾을 수 있었다. 그들이 의사소통을 쉽게 할 수 있었다는 사실에서 사막 공동체 생활의 전 세계적인 특성이 강조된다. 그곳에서 그들은 이집트 방언들은 물론이요 그들이 잘 알고 있는 언어를 사용하는 사람들을 발견했다. 테오도시우스 황제 궁정에서 관리를 하던 로마인 아르세니우스 Arsenius와 같은 인물들이 수도생활에 합류하면서 이집트에서는 처음부터 의사소통에 어려움이 없었다.15) 방문객들이 수도사들의 가르침을 듣고 이해할 수 있는 길이 열렸던 것이다.

한편, 수도사들은 방문객들에게 정직하게 행동해줄 것을 요구했다. 그들 일행이 리코폴리스에 도착했을 때, 팔레스틴 출신으로 집사였던 어느 수도사는 자기가 방문한 이 수도사들에게는 평신도의 생활이 표준적인 생활일 것이라고 생각했는지 약간 부끄러운 듯한 표정으로 자신의 신분을 감추었다. 리코폴리스의 존은 이 순진한 거짓말을 꾸짖었다.

> 나의 자녀여, 하나님의 은혜를 멸시하지 말며, 그리스도의 은사를 부인함으로써 거짓말을 하지 마시오. 심각한 거짓말이든 사소한 거짓말이든 우리는 거짓말을 멀리해야 합니다.

그것은 다른 사람들의 여행에 관한 일화였다. 제롬의 친구였으며 선의의 경쟁자였던 루피누스가 멜라니아16)와 함께 이집트를 방문했다. 멜라니아

---

15) *Sayings of the Desert Fsathers*, Arsenius 6; cf. Cyril of Scythopolis, Vita Euthymii c. XXI, trnas. Fretugière in Les Moines d'orient III, 1-3, Paris, 1961-3.

는 젊고 부유하고 경건한 로마인 과부였다. 니트리아의 수도사요 다만후르의 감독인 이시도레Isidore가 니트리아까지 그녀를 수행했다. 멜라니아는 그곳에서 여섯 달 동안 머물면서 팜보Pambo, 알렉산드리아인 마카리우스Macarius 등 여러 은수사들을 방문했다. 아타나시우스의 죽음으로 아리우스 주의자가 알렉산드리아의 감독이 되고 많은 수도사들이 이집트에서 도망하게 되었을 때, 멜라니아는 이시도레와 함께 팔레스틴으로 돌아갔다. 루피누스는 여섯 해 동안 그곳에 더 머물렀는데, 처음에는 눈 먼 디디무스Didymus의 제자로 있었다. 결국 루피누스도 팔레스틴으로 가서 멜라니아가 세운 수녀원 근처, 감람산에 남자들의 공동체를 세웠다.

오리겐의 제자요 신비적이고 금욕적인 저서들을 저술한 것으로 유명한 에바그리우스Evagrius도 이집트를 방문했다. 382년 에바그리우스는 멜라니아의 영향을 받아 이집트로 왔는데, 당시 그는 콘스탄티노플에서 있었던 좋지 못한 연애 사건 때문에 도망쳐왔다. 그는 병에 걸려 여섯 달 동안 감람산에서 멜라니아의 간호를 받으면서 수도사가 되기로 결심했으며, 병이 나은 후에 그대로 실행에 옮겼다. 그는 2년 동안 니트리아에 머물다가 켈즈로 가서 가장 위대한 수도사 중 한 사람이 되었다.

385년에 제롬도 시리아로부터 팔레스틴을 거쳐 이집트로 왔다. 그는 시리아에서 로마의 귀부인 파울라Paula와 그의 딸 유스토키움Eustochium을 만나 동행했다.17) 그들은 니트리아에 머물면서 교부들을 방문했으며, 그 다음 해에는 베들레헴에 정착했다. 그 무렵 제롬과 루피누스 사이에 격한 언쟁이 벌어져, 이 위대한 고대 우정의 모범을 흠모하던 자들은 환멸을 느끼게 되었

---

16) *Lausiac History*, c. XXXVIII.

17) Jerome, *Letter 108* to Eustochium; see J. Kelly, *Saint Jerome*, London, 1975, pp. 278-279.

다.

 3년 후에 팔라디우스가 이집트를 방문하여 멜라니아의 친구인 이시도레의 영접을 받았다. 이시도레는 그를 알렉산드리아 근처에 있는 도로테우스의 제자가 되게 해 주었다.18) 이 엄격한 늙은 금욕주의자 밑에서 얼마 동안 지내면서 건강을 해친 팔라디우스는 알렉산드리아로 돌아왔다. 후일 그는 다시 니트리아로 갔으며, 일 년 후에는 켈즈로 갔다. 결국에는 399년에 에바그리우스가 죽을 때까지 에바그리우스의 제자요 친구로서 그와 함께 지냈다. 팔라디우스는 한 곳에 정착할 준비가 되어 있지 않았기 때문에, 이 기간 동안 많은 금욕고행자들을 방문했다. 그는 리코폴리스의 존도 방문했는데, 존의 통찰은 무서울 정도로 정확했다. 팔라디우스는 라우수스$_{Lausus}$를 위해서 자기가 만나본 수도사들의 이야기를 기록했는데, 이것은 『수도원 역사』$_{Historia\ Monachorum}$와 쌍벽을 이루는 문서이다.

 마지막으로 이집트를 방문한 유명한 인물은 요한 카시안$_{John\ Cassian}$과 그의 친구 게르마누스$_{Germanus}$이다. 그들은 베들레헴에 있는 수도원 출신이었다. 그곳에서 이들은 유명한 이집트인 수도사 피누피우스$_{Pinufius}$를 만났는데, 피누피우스는 이름을 밝히지 않은 채 얼마 동안 그들의 수실에서 함께 지낸 적이 있었다. 385년경, 그들은 거룩한 곳 이집트를 향해 출발했으며, 400년경에 돌아와 잠시 고향을 방문했다. 이집트에서의 체험은 카시안이 『제도집』$_{Institutes}$과 『담화집』$_{Conferences}$19)을 저술하는 토대가 되었다. 이 저서들은 마르세이유에 있는 수도원을 위해서 420년부터 430년 사이에 라틴어로 저술한 것이다. 이 저서들은 널리 보급되었으며 서방 세계의 수도사

---

18) *Lausiac History*, cc. I, II, LVIII.
19) John Cassian, *Institutes*, ed. and Fr. trnas. J. C. Guy SC 109, Paris, 1965. *Conferences*, ed. and Fr. trans. E. Pichery, SC 42, 54, 64, Paris, 1955-1959; English trans. Edgar Gibson, London, 1894, reissued by Erdmans 1973.

들이 탐독했다. 그러나 이 책들은 이집트 수도사들과의 대화들을 그대로 기록한 것이 아니라, 서방 세계의 수도사들을 위해 요한 카시안의 신학적 사상과 윤리적 사상들을 바탕으로 하여 이집트 수도사들의 목표와 방법들을 자세하게 해석한 것이다. 이 책들은 카시안이 직접 체득한 이집트에서의 초기 금욕적 생활을 기술한 권위 있는 책이다. 그러나 이 책들의 목표는 금욕적 수도생활을 이해하는 방법과 이집트와는 다른 상황에 그것을 적용하는 방법을 가르쳐 주는 데 있다.

『사막 교부들의 금언』 이후 카시안의 저서가 등장하기 전 중간 단계에 여행자들의 기록이 존재한다. 이 기록에는 수도사들을 본받기를 갈망하는 사람들이 본 수도사들의 말과 행동이 기록되어 있다. 이 기록들 안에는 방문객들이 직접 본 것 외에도 사막에서 구전되던 이야기들도 기록되어 있다. 『이집트 수도원 역사』 안에도 이러한 내용들이 수록되어 있다. 『이집트 수도원 역사』는 그 자체로 매우 흥미로운 저서이면서 동시에 초기 수도원에 관한 다른 원문들과 똑같이 취급되어야 하는 문서이다.

2
세상을 지탱해 주는 사람들

『수도원 역사』에서 관찰할 수 있는 사막에서의 금욕 생활의 첫째 특징은 수도사들 자신이 볼 때는 외면적인 것이다. 여기에는 4세기 이집트의 교회와 수도사들의 사회적 위치에 관한 정보가 있다. 첫째, 외부인들이 만들어 낸 수도사들의 역할에 대한 논평이 있고, 둘째로는 사회의 긴장 관계들이 수도사들의 임무에 미치는 영향에 대한 지적들이 있다.

먼저 수도사들에 대한 일반인들의 견해를 살펴보자. 서언에서는 "참된 하나님의 종으로서…땅위에 거하면서도…참된 천국 시민으로서 생활하는" 수도사들에 대해 장황하게 이야기한다. 그 후에 저자는 "이집트와 테베의 모든 도시와 마을은 마치 성벽처럼 은수사들의 처소로 둘러싸여 있다. 그리고 사람들은 하나님을 의지하듯이 이들 수도사들의 기도에 의지한다"고 했으며, 마지막으로는 "그곳에 거하는 모든 사람들은 그들 자신으로 말미암아 온 세상이 계속 존재하고 있으며, 아울러 인간의 생활이 보존되고 하나님이 귀히 여기신다는 것을 분명히 알고 있다"고 덧붙인다. 수도사들은 세상의 평화를 수호하는 자요 보호하는 자이다. 그들은 마귀들을 대적하기 위해 무장을 하고서 인류를 위해 항상 변방에서 보초를 서고 있다. 사회를 구성하는 세 계층, 즉 전투하는 사람들, 노동하는 사람들, 그리고 기도하는 사람들이 각기 왕국을 위해 자기 나름대로의 방법으로 일하고 있다는 것이 중세시대를 상징하는 익숙한 표현이다. 기도는 사려 깊은 집단에서 수행해야 할 위대한 행동이었다. 나무는 주위의 대기를 깨끗하게 해 주는데, 수도사들이 곧 나무와 같은 존재였다.

이것이 오늘날 자주 논의되는 주제, 즉 사회 내에서의 성인의 위치에 대한 분명한 진술이다.[1] 4세기 이집트에서는 수도사, 특히 은수사는 주위에 있는 사람들을 위한 영적 능력의 중심점이었다고 한다. 그는 사회에서 이탈했으며, 사회의 모든 사소한 야망들과 당파 싸움을 초월한 사람이었기 때문에 사람들의 호소를 들어주며 화평케 하는 사람이었다. 또한 그는 하나님의 친구로서 하늘나라 법정에 영향력을 미치는 사람이었다. 그의 가까이에 거하게 된 사람들은 행운아였다. 그러나 이것은 수도사들 자신의 견해가 아니라 수도사들에 대한 외부인들의 견해였다. 이따금 수도사가 악마들과 싸울 때 그러한 사상을 말로 표현하는 것이 허용되는 경우가 있었다. 예를 들어, 팔라디우스가 사막 생활에 싫증을 느껴 안정을 찾지 못하고 있을 때, 마카리우스는 "악마들에게 그리스도의 이름으로 '나는 성벽을 지키고 있다'고 말하라"고 충고해 주었다.[2] 그러나 이것은 특수한 상황에서의 예외적인 발언이다. 수도사는 스스로를 가난한 사람이요 죄인이라고 여기며, 다른 사람들의 보호에 의해서가 아니라 자신의 필요에 의해 자신의 특성을 분명히 규정해야 한다고 생각한다. 이러한 점에서 볼 때 "성벽을 지키는 자"라는 주장에는 타당성이 있다. 수도사는 가장 심오한 의미에서 "인류와 관련을 맺고 있다."

---

1) Peter Brown, "The Rise and Function of the Holy Man in Late Antiquity', *Journal of Roman Studies* 61(1971) pp. 80-101.
2) *Lausiac History* c. XVIII.

그는 회개와 기도와 자기희생에 의해서 "일생 동안 사랑 안에서 죽는 생활" 속에서 하나님 앞에 서는 법을 배운다. 이것은 구세주 앞에 놓여야 할 찢기고 상한 인간성이다. 수도사는 자신을 강한 자나 "세상이 존재할 수 있도록 지탱해 주는 자"라고 보지 않고 죄인이요 연약한 자로 정의한다.

수도사들에 대한 일반인들의 견해를 논할 때 우리는 이 점을 염두에 두어야 한다. 일반인들의 견해 중에서 두 가지를 앞으로 다룰 것이다. 즉 수도사들에 대한 사회의 견해와 팔레스틴 출신 방문객들이 지녔던 수도사들에 대한 견해를 다루겠다. 이것이 수도사 자신의 목표나 이상과는 아주 다른 외부인의 견해라는 점을 중시해야 한다. 하나님은 수도사들 때문에 인간 생활을 보존하시고 존귀하게 여기시므로, 수도사들이 반드시 존재해야 한다는 것이 외부인들의 견해이다.

『수도원 역사』에는 수도사는 영적 전투에 있어서 사회를 위해 싸우는 용사라는 일반적인 정의 외에도 4세기 이집트에서 수도사가 차지했던 실제적 위치를 지적해 주는 언급들이 있다. 수도사가 다루어야 하는 주요 주제 중 하나는 사회 및 사회의 관심사로부터의 근본적인 이탈이므로, 그들은 필연적으로 하나의 새로운 질서의 초점이 되었다.

수도사들은 영적인 방법은 물론이요 가시적인 방법으로도 사막에 꽃을 피웠다. 『수도원 역사』에는 활발한 농사 계획—수도사들과 방문객들을 위해 사용할 채소밭, 과거에 전혀 푸른 식물이 자라지 못하던 곳에서 자라고 있는 식물들, 비옥한 밭에서 경작하는 농부, 과수들이 자라고 있는 동산 등—에 대한 이야기들이 있다. 코프레스는 그의 정원에서 재배한 야채를 요리하여 방문객들에게 대접했는데, 이 채소들은 이웃들이 탐을 낼 정도였다. 사라피온Sarapion은 파이움과 알렉산드리아 사이에서 대규모 정규 교역을 하면서 밀과 의복을 알렉산드리아의 빈민들에게 보내 주었다. 수도원 인근에는 가난한 사람이 없었기 때문이었다.

그들은 형제들이 수고하여 생산한 밀과 의복들을 배에 실어 알렉산드리아의 빈민들에게 보냈다. 왜냐하면 수도원 근처에서는 궁핍한 사람들을 발견할 수 없었기 때문이다.

아폴로는 개인적으로는 엄격하고 금식생활을 하는 것으로 유명했다. 테베에 기근이 들었을 때 사람들은 아폴로가 인도하는 수도사들의 공동체에는 양식이 있을 것이라고 생각했다. 실제로 그들은 많은 암마$_{Amma}$들의 빵을 가지고 있었고, 그것들을 주위 사람들에게 나누어 주었던 것 같다. 그러나 수도사들은 극단적인 가난과 금욕주의를 추구했기 때문에 자연히 검소하고 근면하고 성실했다.

수도사들의 가난한 생활은 그들로 하여금 이웃들에게 쉽게 접근할 수 있게 해 주었다. 그들의 낡은 옷과 대조적인 부요함이 감명을 주기도 했다. 『수도원 역사』에는 마카리우스라는 이름을 가진 두 노인이 나일 강을 건너는 이야기가 있다. 그들은 배를 탔는데, 마침 그 배에는 두 명의 호민관이 타고 있었다.

그들은 온통 구리로 씌운 마차와 황금 고삐를 씌운 말을 가지고 있었으며, 호위병들을 거느리고 있었다. 하인들은 깃이 높은 옷에 황금 띠를 하고 있었다. 넝마 같은 옷을 입고 한쪽 구석에 앉아 있는 수도사들을 본 호민관들은 그들의 단순한 생활을 찬양했다. 한 호민관은 "세상을 멸시하는 당신들이 복되도다$_{macarioi}$"라고 말했다. 알렉산드리아의 마카리우스는 "우리는 세상을 멸시했지만, 세상은 당신을 멸시하고 있습니다. 당신이 지금 그렇게 말한 것은 당신 스스로 한 말이 아니라 예언적 감동에 의해 말한 것임을 알아야 합니다. 우리 두 사람 모두 마카리우스라는 이름을 가지고 있습니다"라고 말했다. 이 말을 듣고 양심의 가책을 느낀 호민관은 집으로 돌아가 제복을 벗어버리고 재물을 가난한 사람들에게 나누어 준 후에 수도사 생활을 선택했다.

호민관이 수도사가 되기 전에 자기의 재산을 사람들에게 나누어 주었다는 점에서, 이 이야기는 사회 안에서 수도사들의 위치가 지니는 또 다른 면을 보여준다. 부자가 회심한 후에 자기의 재산으로 구제하거나 아니면 재산을 가진 채 사막으로 들어갔다는 이야기는 수없이 많다. 멜라니아는 팜보가 그렇게 멸시한 은 300냥을 가지고 수도생활을 시작했다.3) 『수도원 역사』를 보면, 파프누티우스가 회심한 콩 장사를 만났는데, 그는 엄청난 양의 황금을 가지고 있었다고 한다.

> 그는 경건하고 그리스도를 사랑하는 알렉산드리아의 상인을 만났다. 그 상인은 사업상 2만 냥이라는 금화를 가지고 있었다. 그는 상부 테베에서 백 척의 배를 거느리고 항해하면서 모든 재산과 물건들을 가난한 사람들과 수도사들에게 나누어 주었다.4)

이런 종류의 선물 외에도 수도사들에게 양식이나 포도나 떡이나 과일 등을 선물했다는 이야기들도 종종 있다.

『수도원 역사』에서는 나일 강이 부의 원천으로 등장한다. 때맞춰 나일 강을 범람하게 만들기 위해 자기들의 우상들을 나일 강에 던져 넣은 이교도

---

3) *Lausiac History* c. X: "나는 그에게 '오 주님, 당신은 그 금액이 얼마인지를 아실 것입니다. 그것은 3백 파운드입니다'라고 말했다. 그분은 고개를 들지도 않은 채 '내 아들아, 산들의 수효를 세시는 분께서 어찌 은의 분량을 헤아리지 못하겠느냐? 만일 네가 그것을 내게 주겠다면, 자랑을 해도 좋다. 그러나 은화 두 푼도 간과하지 않으시는 하나님께 드리겠다면 잠잠히 있으라'고 말했다."

4) 이집트에서는 노미스마(nomisma)라고 불리는 로마의 화폐 *solidas*는 콘스탄틴 시대에 만든 금화이다. 디오클레티안 시대에 화폐 개혁으로 이집트의 화폐 단위는 드라크마가 사용되었다. A. H. M. Jones, *The Later Roman Empire* 284-602, Oxford, 1973, vol. i, pp. 107-8을 보라.

들의 이야기도 있다. 또 기도로 나일 강을 범람하게 만든 수도사들의 이야기도 있다.

리코폴리스의 존의 동료들은 그가 장래에 있을 감추어진 일들을 알고 있으며 계시한다고 생각했다. 존은 사람들이 은밀히 행한 일들을 알고 말해 주었다. 나일 강 물이 불어날 때와 줄어들 때, 그리고 일 년 곡식의 추수량을 예고했다.

코프레스는 특히 이집트의 농업 진흥에 관심을 가졌던 듯하다. 방문객들이 그에게 말을 걸고 있는 동안, 어느 농부가 모래를 한 삽 가지고 들어왔다. 코프레스는 이 행동에 대해 이렇게 설명했다.

> 우리 주변의 땅은 매우 척박했습니다. 그래서 그 땅을 경작하는 농부들은 자기들이 뿌린 씨앗의 2배의 수확도 거두지 못했습니다··나는 그들에게 "만일 당신들이 하나님을 믿으면, 이 사막이 당신들을 위해 열매를 맺을 것입니다"라고 말해 주었습니다. 그들은 한시도 지체하지 않고서 이제까지 밟고 다니던 땅의 모래를 담아서 나에게 가져와 축복해 달라고 요청했습니다··그들은 그 모래에 옥수수를 섞어서 자기들의 밭에 뿌렸습니다. 그러자 곧 그 땅은 이집트에서 제일 비옥한 땅이 되었습니다. 결국 이렇게 하는 것이 그들의 관습이 되었습니다. 매년 그들은 나에게 모래를 가지고 와서 축복해 달라고 하곤 합니다.

이렇게 땅을 비옥하게 만듦으로써 코프레스 자신이 혜택을 보았다고 저자는 덧붙였다.

그는 우리를 자기의 정원으로 데려가서, 자신이 사막에서 몸소 재배한 대추야자를 비롯한 여러 가지 과일 나무들을 보여주었다. 그것은 비록 사막이라도 하나님을 믿는 사람을 위해서는 열매를 맺을 수 있다는 그의 말을 믿은 농부들의 신앙을 보고 그가 생각해 낸 것이었다. 그는 "농부들이 모래

2. 세상을 지탱해 주는 사람들　35

를 뿌렸는데 땅이 열매를 맺게 된 것을 보고서, 나도 똑같이 하여 성공했습니다"라고 말했다.

만일 이 일을 비옥한 토양을 다른 땅에 옮기는 것으로 여긴다면, 이것은 보다 높은 수준의 농업 증진의 예가 될 것이다.

이 기사에서는 이집트에 황금이 있다는 것을 여러 차례 언급한다.5) 마카리우스의 이야기에 등장하는 호민관의 이야기에 황금 고삐와 황금 띠가 등장하는 것 외에도, 파프누티우스의 이야기에는 동굴에 숨겨둔 금화 300냥으로 사막에서 만난 여인의 체납된 세금을 치러준 강도가 나온다. 어떤 상인은 2백 척의 배와 2만 냥의 금화를 가지고 있었다. 언젠가 마귀는 파테르무티우스에게 순금으로 가득 찬 파라오의 보물창고를 보여 주었다.6) 어느 도둑들은 테온이 수실에 금을 간직하고 있다고 생각하기도 했다.7) 확실히 그 당시 이집트에는 금이 있었고, 이처럼 나일 강 델타 지역의 부요함의 배후에는 세금 징수에 대한 언급이 있다.

로마법에서 수도사들에 대한 최초의 언급을 보면, 사람들이 납세와 군복무의 의무를 피하기 위해 도시를 떠나 자신들을 수도사라고 주장한 사실을 언급하고 있다. 그러나 실제로 수도사가 아닌 경우에, 그들은 강제로 돌아오게 되거나 재산을 몰수당했다. 이 법령은 특히 이집트에서 적용되었다고 한다.8) 이집트는 부유한 나라였으며, 밀이나 금전으로 세금을 많이 거둘 수

---

5) 이집트는 로마제국의 속국들 중에서 가장 부유한 곳이었으며, 금이 많았다. 금은 대체로 나일 강 주위의 금광에서 채광되었으며, 나중에는 죄수나 군인들이 바위에서 취했다. Cf. R. H. Greaves and O. H. Little, 'Old Resources of Egypt', *Report of the XVth International Geological Congress*, 1922, 123-127.

6) Cf. Cyril Aldred, *Jewels of the Pharaohs*, London, 1971.

7) Cf. HM X. 강도는 여자 은수사의 집을 털기로 계획을 세웠다. 아마 그녀의 내실에 보물이 있다고 생각했기 때문일 것이다. See John of Ford, *Life of Wulfric of Haselbury*, ed. Maurice Bell(Somerset Record Society 47, 1932) c. 49, p. 115 and c. 43, p. 103.

있었다.

　세금 납부를 피하기 위해서 야기된 사회적 혼란은 『수도원 역사』에 기록된 파프누티우스의 이야기를 보면 분명히 드러난다. 파프누티우스는 사막에서 강도를 만났다. 그런데 그 강도는 세금 납부를 피하기 위해 사막에 들어와 고생하고 있는 여인을 도와준다. 그 여인은 이렇게 말했다.

> 내 남편은 지난 2년 동안 금화로 3백 냥에 달하는 체납 세금 때문에 종종 매질을 당했습니다. 결국 남편은 감옥에 갇히고 사랑하는 세 자녀들은 노예로 팔려갔습니다. 그리고 나는 이리저리 도망을 다니는 신세가 되었습니다. 나는 지금 사막에서 방황하고 있지만 발각되어 태형을 당할 때도 있습니다. 나는 사흘 동안 사막에서 지내면서 아무것도 먹지 못했습니다.

　사막에는 납세를 피하기 위해 도망한 사람들뿐만 아니라, 군복무를 피하기 위해 도피한 사람들도 있었다. 로마 제국의 국경 지방들이 세분화되고 많은 군대가 필요하게 되면서 이집트에서는 징병 제도가 엄하게 시행되었다. 걷잡을 수 없는 나일 강 홍수나 무시할 수 없는 이웃과의 경쟁을 피하여 농부들이 할 수 없이 자신의 소작지를 떠나는 것은 분노와 원망을 샀으므로 가능하면 하지 않으려고 했다. 수도사라고 주장하는 사람들 중에 어떤 사람들은 비양심적인 병역 거부자였다. 어쨌든 군대 문제는 항상 수도사들 앞에 제기되었으며, 파코미우스와 같은 사람들은 과거에 징집을 당한 적이 있었다. 줄리안 황제 시대에 아폴로는 어느 수도사가 징집되었다는 소식을 듣고서 몇 명의 수도사들과 함께 그 사람을 격려하기 위해 갔다. 그런데 교활한

---

8) *Theodosian Code* XII, 18, I(A.D. 368) and XII, I, 63(A.D. 373). 국경 수비를 위해 군사들이 갈수록 더 많이 필요하게 되었다. 파코미우스도 막시미니안 황제가 리시니우스를 대적하여 벌인 마지막 전쟁에 군사로 징집되었다. Cf. *Sancti Pachomii, Vita Graeca* AS, c.4.

기병대 대장은 앞으로 있을 원정에 그들을 보충병으로 삼으려는 생각에서 그들 모두를 강제로 징집했다. 수도사로서 순교한 아폴로니우스는 재판을 받기 위해 알렉산드리아로 호송되는 동안에 감시병의 감시를 받은 듯하다. 군복무에 대한 이미지들은 이들 많은 사람들의 무의식 속에 새겨져 있었다. 그것들은 그들의 꿈에도 나타났다. 오르$_{or}$는 방문객들에게 마귀들이 군인들의 모습을 하고 나타나 유혹하는 꿈을 꾼 은둔자에 대해 말해 주었는데, 방문객들은 그가 말하는 은둔자가 오르 자신이라는 것을 알아챘다.

마귀는 마치 황제가 방문하는 듯이 많은 천사들과 불마차와 호위병들의 호위를 받으면서 나타났다. 황제는 "선한 사람이여, 그대는 모든 덕을 갖추는데 성공했다. 내 앞에 엎드려 굴복하라. 그러면 내가 너를 엘리야처럼 높여 주겠다"고 말했다.

그러나 그 수도사는 사막에서 겸손의 덕을 훈련했기 때문에 "내게는 끊임없이 경배해야 할 왕이신 그리스도가 있다. 너는 나의 왕이 아니다"라고 말했다. 그 즉시 악마들은 사라졌다. 파테르무티우스는 거의 같은 꿈에서 동일한 것을 보았는데, 그는 완전히 다른 결론을 내렸다.

황제처럼 생긴 사람이 나타나서 "무덤들이나 이처럼 사소한 죄에 대해서 깊이 생각하지 말라. 만일 그대가 그대의 생활 방법을 덕스러운 생활 방법으로 바꾸며 천사들과 함께 군대에 들어가기를 원한다면, 내가 그대에게 그렇게 할 수 있는 능력을 주겠다"고 말하는 것을 보았다.

저자가 서언에서 말한 것처럼, 수도사들은 왕의 군대에 등록되어 있었다. 그들은 "황제를 기다리는 군대처럼" 항상 깨어있는 상태로 지켰다.

로마 제국의 세금 징수와 징집 제도는 수도사들의 정신에 커다란 영향을 미쳤다. 그러나 보다 절실한 문제는 이교를 숭배하는 마을들이었다. 이집트에서 기독교 신앙의 역사는 그다지 오래 되지 않았었다. 3세기에 알렉산드리아 교구는 번성하는 기독교계의 중심지였지만, 나일 강변의 지역에는 고대 이집트 신들의 신전들이 그대로 남아 있었다. 『수도원 역사』에는 이교도들이 수도사들을 포위했던 일에 대한 언급들이 많다. 알렉산드리아에서도 상황은 그리 안전하지 않았다.

391년, 즉 7명의 방문객들이 이집트에 오기 3년 전 그 문제가 표면화되었다. 이교도들이 폭동을 일으켜 기독교인들을 감옥에 넣었고, 사라피스의 신전을 근거지로 하여 저항했다. 결국 황제의 명령에 따라 그 신전과 사라피스의 신상이 완전히 파괴되어 버렸다. 이 사건과 관련하여 수도사들에 대해 좋지 않은 이야기들이 퍼졌다. 그 내용인즉, 대주교 테오필루스가 몇 명의 교부들을 알렉산드리아로 불러와 그곳에 있는 이교도의 신전들을 기도로 파괴하라고 명령했다는 것이었다.9) 대주교가 수도사들의 능력을 알고서 그것을 신전 파괴에 동원했는데, 아마도 그 때문에 사람들이 수도사들을 광신자로 여기게 되었다는 암시인 듯하다.

리코폴리스의 존과 코프레스는 그 지역의 이교도들과 교제하면서 그들의 농사일에도 관계를 가졌었다. 한편 아폴로는 일곱 명의 방문객들에게 이집트의 이교 신앙에 대해 장황하게 이야기했다.10) 그는 아직도 다신론이 교묘한 방법으로 유행하고 있다고 설명하면서, 자연을 신격화하는 데에는 실질적인 이유가 있다고 주장했다.

그들은 황소를 신격화했다‥왜냐하면 이 동물에 의해서 그들은 농사를 지어 수확한 양식을 운반하기 때문이다. 그들은 나일 강의 물을 신격화했다. 왜냐하면 그로 인해 전체 농토에 물을 댈 수 있기 때문이다.

아마 현대 인류학자도 같은 말을 할 것이다. 아폴로는 이집트인들이 동물

---

9) *Sayings of the Desert Fathers*, Theophilus the Archbishop 3; and Bessarion 4.
10) 이교 신앙의 억제는 테오도시우스 법전에 의해 명령된 것이다.

2. 세상을 지탱해 주는 사람들 39

들의 시중을 드느라고 바빴기 때문에 바로가 이스라엘 민족들을 추격하는 일에 참여하지 않았으며, 그렇기 때문에 그들은 물에 빠져 죽지 않았고, 따라서 이 일을 감사하게 여겨서 동물들을 신격화했을 것이라고 독창적인 주장을 했는데, 더 그럴 듯하다.11)

이 기사를 기록한 사람은 개인적으로 이교도들에게 매료되어 있었던 듯하다. 그는 이집트인들의 신앙에 대해 개인적으로 아폴로에게 말했으며, 일행이 카이로에 도착했을 때는 혼자서 피라미드를 구경하러 갔었다. 그는 두 개의 문명이 부딪히는 곳에서 수도하는 노인들이 이교도들을 다룬 일에 대해서도 몇 가지 기사를 남겼다. 이집트에서는 나일 강의 범람을 기원하는 의식이 매우 중요한 위치를 차지했다.12) 리코폴리스의 존은 이교도 사제를 대신하여 나일 강을 축복하라는 요청을 받았다고 한다.

아폴로는 나일 강물에 신상을 담그기 위해서 줄을 지어 그것을 운반하는 이교도들의 무리를 만났다. 아폴로는 그 행진을 기도로 멈추게 함으로써 그들과 인근 마을들에 소요를 일으켰다. 그리하여 이들 이교도들이 회심하게 되었다. 아폴로와 이교도들과의 교제는 이것으로 끝나지 않았다. 그는 이교도 마을을 화평케 해 달라는 부탁을 받고서 얼마 동안 그곳에서 산적 두목에게 요리문답을 가르쳤다. 이 산적은 기독교로 개종하여 수도사가 되었다. 또 어떤 사람이 땅 문제로 기독교인들과 논쟁하다가 살해되었는데, 그리하여 마을 사람들에게 기독교인들과 그들의 능력을 확인시켜 주는 역할을 했다. 어느 소녀를 병들게 한 마술을 마카리우스의 기도로 무효화시켰다는 이야기도 있다. 수도사들 주위에 이집트인 마을의 이교 신앙이 널려 있었다.

---

11) 초기 기독교 문헌에서는 동물과 관련된 이집트 이교도들의 예배에 대한 언급이 종종 등장한다.
12) 나일 강이 범람하는 시기는 8월에서부터 11월 말이다. Cf. W. Willcocks, *Egyptian Irrigation*, London, 1889, p. 20.

따라서 그들이 마을 사람들을 거부하는 것은 부분적으로는 그곳의 생활 속에 스며들어 있는 이교 신앙을 거부하는 것이었다. 이교도들을 회심시키는 것이 그들의 최대의 관심사는 아니었지만, 그들은 능력이 닿는 한 이교도들을 회심시키려 했다. 어느 마을에나 이교 신전들이 있었다. 옥시린쿠스에서는 수도사들이 신전을 수도원으로 사용했다. 언젠가 마카리우스가 테레누티스에 있는 폐허가 된 이교 신전에서 잠을 잤는데, 그가 그곳에서 발견한 미라 속에서 악마들이 살고 있는 꿈을 꾸었다. 그러나 마카리우스는 이교도 사제를 만났을 때 그를 공격해야 할 원수로 보지 않고 신중하게 대하여 회심시킨 일도 있었다.13)

수도사들은 다양한 면을 가진 이집트 사회에서 하나의 위치를 차지하고 있었다. 『수도원 역사』에서는 이교도들, 농부들, 로마인들, 상인들, 군인들, 종들과 그의 가족들, 나일 강 평야의 다양하고 부산한 생활에 둘러싸인 도시와 마을들 속에서의 수도사들의 모습을 간략하게 묘사하고 있다.

수도사들의 저서 속에서 수도사들을 에워싸고 있는 영원한 시대, 이방 나라에 대한 느낌은 어느 정도 사실에 기초를 둔 것이다. 그들의 목표는 끝없이 전개되는 사막에서의 침묵과 고요이다. 그러면서도 그들은 세상 안에 있었으며, 세상에서 배출되었으며, 그들을 시험한 것도 세상이며, 그들의 사상과 야망을 형성한 것도 세상이며, 사회의 정통 수호자들이요 중재자로서의 위치를 차지하게 만들어준 것도 세상이었다.

---

13) *Sayings of the Desert Fathers*, Macarius the Great 39.

3
이집트 수도원의 형태

일곱 명의 방문객들은 수도생활에 대해 열심히 배우고 예리하게 관찰했다. 그들이 관심을 둔 것은 수도원 운동의 사회적인 면이 아니라 수도생활 자체였다. 그들은 이집트의 수도사들의 모든 생활을 보려 했고, 그것을 소박하게 기록했다. 그들은 완전히 폐쇄된 이시도레의 수도원 생활에서부터 존처럼 방랑하는 은수사들에 이르기까지 다양하고 유동적인 생활 양식을 인상 깊게 기록했다. 이집트의 수도원 운동은 제2 세대에 들어서면서 위대한 수도자들의 삶은 이미 하나의 전설이 되었으며, 혼자서 방랑하는 은수사보다는 수도원 내에서 집단적으로 수도하는 것이 일반적인 일이 되었다. 그러나 다양한 영적 모습들은 그대로 남아 있었다. 이집트의 영적 경주자들에 대해서 소문을 듣거나 글을 읽은 사람들이 그들을 찾아와서 영원히 간직할 만한 감명을 받고 집으로 돌아갔다.

『수도원 역사』에 기록된 숫자는 논란이 되고 있다.[1] 팔레스틴 수도사들

---

1) Cf. Paul Devos, "Les nombres dans l'Historia Monachorum in Aegypto', *Anal. Boll.* 92(1974) pp. 97-108.

이 방문했던 이 작은 세계 안에 있는 수도사들과 수녀들의 수를 모두 더하면 전체 주민들의 수보다 더 많을 것이다. 그러나 그러한 숫자를 망상이라거나 공상적이라고 말하며 무시할 수 없게다. 과거에 무시해 버렸던 일부 주장들이 고고학적 자료가 발견되면서 다시 힘을 얻게 된 사실에서 깊은 교훈을 얻었기 때문이다. 수도생활은 대단히 널리 퍼진 생활방식이었다. 그리고 이 숫자에는 수도원의 성인들, 즉 수도원에서 사망한 사람들도 포함되었을 가능성이 있다. 어쨌든 수도사들의 숫자는 항상 어림수로 제시된다. 오르$_{Or}$에게는 십만 명의 제자들과 천 명의 수도사들이 있었고, 암몬$_{Ammon}$ 밑에는 삼천 명의 수도사들이 있었으며, 옥시린쿠스에게 만 명의 수도사와 2만 명의 수녀들이 있었다는 식이다. 여기에서 우리는 그들이 방문한 곳에서 많은 수도사들과 수녀들을 볼 수 있었다는 것을 예측할 수 있다. 더욱이 다른 숫자들을 문자 그대로 이해할 경우, 과연 방문객들이 그곳에 도착했을 때 "모든 위대한 은수사들의 나이가 이미 90대였는가?" 아니면 "90이라는 나이는 단지 이들 연로한 은수사들의 나이가 완전한 나이인 100세에 이르렀다는 것을 지적해 주는 것인가"라는 의심이 생긴다.

이집트의 수도생활에 대한 이 기사는 그곳에서의 다양한 생활 방법들을 생생하게 묘사한다. 예컨대, 수도사들이 거처하는 방법에는 몇 가지가 있었다. 리코폴리스의 존은 방 두 개짜리 수실에서 살았다. 그 수실에는 창문이 있어서 그는 그 창문을 통해서 날마다 그를 찾아오는 사람들을 만났다. 그는 팔레스타인 사람들을 개인적으로 영접하여 여러 날 동안 손님방에서 그들과 함께 식사하고 대화를 나눴다. 그러나 그들은 그의 수실에서 몇 마일 떨어진 곳에 있는 일종의 작은 수도원 마을에서 다른 수도사들과 함께 거처했다.

그 지방에는 동굴들이 많았는데, 그들은 여행 중에 동굴 속에서 홀로 살고 있는 은수사들을 만났다. 엘리아스$_{Elias}$라는 노 수도사는 적막한 사막에서 돌출한 바위 아래 앉아 수도했다. 그가 언제부터 그곳에 있었는지를 기억하는 수도사는 한 사람도 없었다. 그에게는 할 말이 하나도 없는 듯했다. 그들은 그저 그를 쳐다보고는 떠났다. 그들이 보기에 그는 이전 시대의 유물 같았다.

수도사들의 가장 일반적인 생활 방법은 순수 벽돌과 진흙으로 지은 방이 하나나 둘 정도 되는 작은 수실에서 사는 것이다. 이런 수실은 하루면 지을 수 있었다. 예를 들면, 오르는 자기 가까이에서 살기 위해 모여든 수도사들을 이런 식으로 조직했다.

> 그는 자기 가까이에 살고 있는 사람들을 모두 불러 모아 그들이 살 수실들을 하루 만에 지었다. 어떤 사람들은 벽돌을 나르고, 어떤 사람은 진흙을 나르고 어떤 사람은 물을 길어오고 또 어떤 사람은 나무를 베었다. 수실들이 완성되자, 그는 신참자들에게 무엇이 필요한지 살펴보았다.

당시 니트리아에서는 이러한 협동 작업이 일반화되어 있었으며, 그곳에 수실들을 건축한 것에 대해 저자는 이와 비슷한 기사를 제공하고 있다. 예를 들면, 켈리아Cellia의 암모니우스Ammonius[2])는 새로운 회원들이 도착하면 공동체 전체를 불러 모은 후에, 벽돌을 나르는 일이나 물을 퍼오는 일들을 분담시켜 하루 만에 새로운 수실들을 완성하곤 했다. 암모니우스는 마당과 우물이 있는 아름다운 수실을 소유하고서 그 안에서 자급자족했다고 한다. 은수사들의 수실은 바깥쪽 방과 내실로 이루어져 있는데, 내실은 침실로 사용되었다. 강도 파테르무티우스가 침입했던 여수도사의 수실은 방이 두 개였는데, 그 수실은 그녀를 보살펴 줄 수 있는 수도사들이 운영하는 교회 근처에

---

2) 암모니우스는 전체 집단이 머물고 있는 니트리아에서 약 20마일 떨어진 켈즈에 있었다.

있었다. 리코폴리스의 존은 방 두 개짜리 수실을 가지고 있었는데, 손님들을 맞이하기 위해 또 하나의 방을 지었다.

이처럼 드문드문 흩어져 있는 방 두 개짜리 수실들 외에도, 한 집단의 수도사들을 위한 좀 더 영구적인 건물들, 즉 수도원들도 있었다. 일곱 방문객은 타벤니시Tabennisi에 있는 한 수도원을 방문했는데, 이는 파코미우스의 공주共住수도원의 형태로 지었다.3) 이 수도원에는 공동 식당과 교회, 그리고 모든 수도사들이 거하는 하나의 큰 건물이 있었다. 테베Thebaid에는 이시도레가 지도하는 수도원이 있었는데, 그 수도원은 수도사들은 수도원의 담장 안에만 살아야 한다는 정주定住규율을 엄격히 지키는 것 같았다.

그 수도원은 높은 벽돌담으로 둘러싸여 있었다. 담 안에는 우물과 정원, 그리고 수도사들의 일용품을 공급하는 데 필요한 모든 것이 갖추어져 있었다. 왜냐하면 그들 중 누구도 수도원 밖으로 나가지 않았기 때문이다. 장상이 문지기 일을 했는데, 그는 그 수도원에 속한 수도사가 밖으로 나가는 것을 절대 허락하지 않았으며, 또 일생을 수도원 안에서 머물기로 작정하지 않는 한 누구도 수도원 안에 들여 놓지 않았다.

이것은 유목민의 공격에 대비하여 수도원을 요새화해야 할 필요가 있었다는 것 이상의 의미를 지닌다.4) 수도원 울타리 안에서 방해받지 않고 생활하고 싶은 수도사들의 서원이 드러나 있는 것이다. 이시도레의 수도원 안에서는 방문객들이 수도사들과 함부로 이야기할 수 없었던 것으로 보인다. 테베의 옥시린쿠스에도 이처럼 영구적인 건물을 갖춘 수도원이 있었다. 옥시

---

3) 헤르모폴리스 마그나 근처에는 파코미우스파의 수도원이 두 개가 있었다. " 이것은 그중 하나이다.

4) 아트리페 근처에 있는 하얀 수도원(White Monastery)은 사방이 담으로 둘러싸여 있고, 두 개의 문이 있었는데, 그 문으로는 안으로 들어갈 수만 있을 뿐 나갈 수는 없었다.

린쿠스는 기독교화된 이집트에서도 특히 번성한 곳으로서 감독이 관할하고 있었다. 여행자들은 이곳에서 많은 수도사들과 수녀들이 황폐한 신전에서 생활하며 마을 전체를 거대한 수도원으로 삼고 있는 것을 보았다.

일곱 명의 여행자들이 본 수도원 건물들은 매우 단순한 설계로 지은 건물이었다. 수도사들은 진흙으로 벽돌을 만든 다음 태양 볕에 말려서 사용하였으며, 그들은 우선적으로 살아가는 데 필요한 것을 얻기 위해 노동을 하였다. 이집트 수도사들의 삶은 생활필수품이 절대로 부족하였기 때문이다. 꾸밈없는 단순한 건물에서 신비한 매력을 전혀 찾아볼 수 없다. 그곳은 물질적으로는 궁핍했지만 시간은 자유로이 이용할 수 있었다. 수도사들은 손노동을 했는데, 그 이유는 균형 잡힌 일과표가 이론적으로 필요했기 때문이 아니라 일하지 않는 사람은 오래 생존할 수 없었기 때문이다. 수도사들은 인간이 하나님을 보게 하는 마음의 자유를 추구하는 일에만 관심을 두었으므로 보다 엄격한 생활을 했다. 그들은 자신이 살기로 선택한 곳과 그곳에 지은 은거처를 포함하여 인간이 아직 체험하지 않은 분야를 추구했다. 수도사들은 하나님과의 관계에 있어서 인간 본성의 위대한 실험에 몰두했으며, 그렇기 때문에 그들의 목표는 엄격한 생활 이상의 것이었다. 그들은 한편으로는 사막 생활로 인해 제한을 받았지만, 한편으로는 그 생활을 이용하여 유익을 얻었다.

방문객들은 이집트에서 수도사들의 일과를 눈여겨보았으며, 일상생활과 음식과 수면과 의복 등 삶의 기본적인 부분을 어떻게 수행하고 있는지를 살펴보았다. 첫째로 수도사들이 어떻게 잠을 자는지에 관심이 많았다. 저자는 서언에서 말하기를 "그들은 충실한 아들이 아버지를 기다리듯이 잠을 자지 않고 그리스도를 기다렸다"고 했다. 바윗Bawit에 있는 아폴로의 수도사들 중 어떤 사람들은 밤새도록 자지 않았다고 기록했다.

"나는 그들이 저녁에 찬송을 시작하여 아침까지 쉬지 않고 찬송하는 것을 직접 목격했다."

아노우프Anouph도 잠을 자지 않았다고 한다.

"나는 낮에는 잠을 자지 않았고, 밤에도 하나님을 찾는 일을 쉬지 않았다."

은수사 존은 금욕적 수도생활을 시작하면서 삼년 동안 바위 밑에서 앉지도 않고 눕지도 않고 선 채로 계속 기도하면서 잠시 동안만 잠을 잤다. 니트리아의 수도사들도 잠을 자지 않고 철야하는 전통을 엄격하게 지켰다. 저자는 그들에 대해 이렇게 말한다.

그들 중 어떤 사람들은 밤에 한잠도 자지 않았다. 그들은 앉거나 선 채로 아침까지 계속 기도했다.

이 태도는 적극적인 것이었다. 수도사들은 잠을 거부한 것이 아니라 "깨어 있다"는 것이다. 그것은 "전투적인 수도사는 하룻밤에 한 시간만 자는 것으로 족하다"라는 아르세니우스의 엄격한 말을 이행한 것이다.5)

그들은 음식에 관해서도 본성적인 생활을 크게 제한했다. 『수도원 역사』에는 극단적인 금식을 행한 예가 기록되어 있다. 은수사 존은 처음 3년 동안 주일 성찬에 참예하는 것 외에는 음식을 전혀 먹지 않고 지냈다고 한다. 이 이야기는 조심스럽게 받아들여야 한다. 왜냐하면 그것은 코프레스가 자신의 금욕생활이 다른 수도사들에 비해 하찮은 것이라는 사실을 방문객들에게 알려주기 위해서 했던 많은 이야기 중 일부이기 때문이다. 그러나 이

---

5) *Sayings of the Desert Fathers*, Arsenius 15.

이야기들도 인간의 한계성을 초월하지 않으면서 보편적인 상식 안에서 교훈을 준다는 것이 더 흥미를 끈다. 한 천사는 존의 금식을 책망하면서 "이미 금식이라는 풍성한 음식을 많이 먹었다"고 반어적으로 말했다. "이 영적 양식은 그 정도만 먹으면 충분하다. 그렇지 않으면 그대는 과식하여 토하게 될 것이다."

어떤 수도사들은 극히 적은 양의 음식만을 먹었다. 리코폴리스의 존은 매일 소량의 과일만 먹었고, 피티리온Pityrion은 소량의 옥수수 스프만을 먹었다. 바윗Bawit에서는 수요일과 금요일은 그리스도의 수난을 기념하기 위해 완전 금식일로 지켰고, 다른 날은 보통 저녁 때 성찬예배 후에 저녁을 먹는 것이 규칙으로 되어 있었다. 나이가 많은 수도사들은 매우 간단하게 식사를 했다. 그러나 여행자들은 『사막 교부들의 금언』에 기록된 초대 사막에서 통용되던 관습을 따라야 했던 것 같다.

> 압바 조셉이 푀멘Poemen에게 물었다. "금식은 어떻게 해야 합니까?" 푀멘은 대답하기를 "날마다 식사를 하되 포식하지 말고 극히 적은 양만 먹는 것이 좋다고 생각합니다"라고 말했다. 조셉은 다시 물었다. "아버지여, 당신은 젊었을 때 한 번에 이틀씩 금식하지 않았습니까?" 푀멘은 대답했다. "그렇습니다. 사흘이나 나흘, 혹은 한 주일 내내 금식하기도 했습니다. 교부들은 능력이 닿는 한 여러 방법들을 모두 시도했으나 결국 날마다 식사를 하되 적게 먹는 것이 더 바람직하다는 것을 알았습니다. 그들은 우리에게 이 훌륭하면서도 쉬운 방법을 가르쳐 주었습니다."6)

카시안이 이집트에 왔을 무렵에는 이 관습이 아주 보편적인 것이 되었던 것 같다. 팔레스틴에서 온 방문객들은 이것이 보편적인 관습이 되었음을 알

---

6) Ibid. Poemen 31.

수 있었다. 그들은 어느 곳에 도착하든지 음식을 대접받았다. 그러나 보통 수도사들은 하루 중 제9시7)에 가벼운 식사를 했다.

그들은 음식을 먹는 횟수만 제한한 것이 아니라 음식의 종류와 양도 제한했다. 사막 생활의 특성과 수도사들의 관심사로부터 이러한 관습이 시작되었다. 식욕으로 인해 분심分心되지 않고 하나님의 말씀을 자유롭게 묵상한다는 본질적인 문제도 음식 절제와 관계가 있다. 사막에서의 음식의 질은 일반 농부들의 음식보다 그리 나쁘지 않았으며, 그보다 훌륭했을 수도 있다. 수도사들은 아르세니우스가 궁전에서 먹은 훌륭한 음식과 그가 사막에서 먹은 보잘 것 없는 음식을 비교하기를 좋아했다. 어느 이야기에서는 이것을 수도사가 된 평범한 농부의 체험과 비교했다.

"당신은 농부였을 때 어떤 음식을 먹고, 어떤 포도주를 마셨습니까?"
"나는 마른 빵을 먹었고, 야채가 혹시 있으면 그것과 물을 마셨습니다."8)

이것이 바로 『수도원 역사』에 기록된 방문객들이 만나거나 소문으로 들은 은수사들의 식사였을 것이다. 그들은 약 350그램 정도 되는 빵을 여러 덩어리로 나누어 가지고 사막에 들어와 무기한으로 저장해 두었다. 기근이 들었을 때 바윗Bawit에서는 그런 빵이 많이 발견되었다. 이 빵을 물에 적셔 소금을 뿌리면 먹을 만했다. 그러나 엄격한 은수사들에게는 이것도 사치였다.9) 은수사가 작은 야채밭을 경작하는 경우도 있었는데, 그런 경우 그가 재배한 야채는 방문객들을 위한 것이었을 것이다. 이 기사를 근거로 볼 때, 야채들은 소금물에 절여 보관해 두었던 것 같다.

---

7) 현재 시간으로 오후 3시경이다.
8) Ibid. An Abba of Rome 1.
9) Ibid. Achilles 3. Cf. *Life of St Anthony*, 7.

수도원에서는 요리도 할 수 있었다. 니트리아에서 방문객들은 갓 구운 빵을 보았다. 파코미우스 수도원의 수도사들은 빵과 올리브는 물론이요 스프도 먹었다. 헬레Helle의 제자들도 그런 음식을 먹었다. 회심한 상인이 자기의 콩을 수도사들에게 주었을 때 수도사들은 그 선물을 거절하지 않은 듯하다. 물론 아폴로는 콩이 특별한 음식이라도 되는 듯, 콩을 먹지 않았다고 한다. 물은 일상적인 음료수였으며, 이 기사에서 방문객들에게 제공된 음료수는 물뿐이었다. 그러나 이 문헌의 다른 곳을 보면 포도주를 마시는 것을 금하지는 않았음을 알 수 있다.10)

사막의 건조한 대기, 소금을 많이 친 음식, 맛없는 물 등은 모든 수도사들의 환상이나 공상으로 나타났다. 그리하여 그들은 신선하고 과즙이 많은 과일 꿈을 꾸었다. 그러한 꿈을 통해서 은수사들의 금식에 대해 좀 더 분명하게 알게 된다. 그들에게 있어서 사치품이란 어떤 것이었는가? 포도와 무화과였다. 만일 그들이 포도를 수중에 넣었다면, 그것을 기이하게 여겨 이 사람 저 사람의 손으로 넘길 것이다. 또 그들은 무화과를 낙원의 과일로 여겼다. 아폴로와 그의 최초의 제자들은 부활절 날에 천사로부터 이국적인 선물을 받았다.

그것은 이집트에서는 자라지 않는 것들이었다. 온갖 종류의 낙원의 과일들, 포도, 석류, 무화과, 호도…꿀, 그리고 신선한 우유 한 주전자, 커다란 대추야자, 그리고 아직 따뜻한 흰 빵이었다.

신선한 우유, 따뜻한 빵, 고대 세계에서 유일한 당분의 공급원인 꿀, 그리고 맛좋은 과일을 선물로 받은 것이다. 파테르무티우스와 마카리우스가 꿈

---

10) Ibid. Sisoes 8.

에서 낙원에 들어가서 처음으로 행한 행동은 여러 가지 색깔을 지닌 과일을 먹은 것이었다. 그것은 진정한 상급이었다.

    수도사들은 수면과 음식에 대해서도 스스로를 연단한다. 의복도 역시 금욕 훈련의 대상이었다. 방문객들은 수도사들이 어떤 옷을 입었는지를 관찰하여 그것에 대해 묘사했다. 초대 사막의 전승들은 은수사들이 누더기 옷이나 매우 간단한 상의를 입고 이리저리 방황하는 것으로 나타나 있다. 은수사 폴은 야자 잎으로 옷을 만들어 입었다고 한다.11) 이 기사에서 마카리우스는 누더기를 입었고, 헬레는 너덜너덜한 누더기를 입었기 때문에 어느 사제가 은근히 빈정댔다고 한다. 그러나 독특한 옷을 입는 관습이 이미 정착되어 있었으며, 그 자세한 내용이 묘사되어 있다. 옷은 한 벌만 소유하는 것이 관습이었는데, 어느 수도사는 자기가 가진 것을 감추어 두고 또 한 벌의 옷을 얻으려 했다는 이야기도 있다. 아폴로와 그의 수도사들은 긴 상의를 입고 머리에는 린넨으로 만든 두건을 썼다. 파코미우스 수도원의 수도사들은 양가죽 옷에 린넨으로 된 두건을 썼다. 수도사들은 교회 안에서는 천사들의 성가대처럼 흰옷을 입었다고 한다. 어느 수도사의 의복에 대한 상세한 묘사가 있는데, 코프레스는 그 옷이 파테르무티우스가 고안한 것이라고 한다. 그는 제자가 되기를 원하는 청년에게 짧은 소매의 상의, 두건, 양가죽 외투, 그리고 허리에 두를 린넨 허리띠를 주었다. 이것은 몇 년 후에 존 카시안이 묘사한 수도사들의 의복과 비교가 된다.12) 일반적으로 노동자들이 입는 짧은 소매의 상의, 타벤네시 사람들이 사용하던 두건, 여러 가지 용도로 사용되기도 하지만 흔히 외투로 사용되는 양가죽, 그리고 작업할 때 긴 상의를 고정

---

11) Jerome, *Vita S. Pauli*, trans. Helen Waddell, *The Desert Fathers, London*, 1936," p. 52.
12) *Institutes* I. 5ff.

시켜 주는 허리띠 등이다. 여행자들은 이집트의 수도사들이 착용한 독특한 의복에 대한 이야기를 들었지만, 그것에 특별한 의미를 부여하지는 않았다.

수도사들이 하는 작업은 주로 농사를 짓는 일이었다. 비옥한 나일 강 부근의 정착 지역을 떠나 살기로 결심한 사람들은 날마다 생존을 위해 싸워야 했다. 그들은 직접 야채와 채소를 재배했다. 어떤 집단에서는 빵을 만들기 위해 옥수수를 재배하기도 했다. 이렇게 재배한 옥수수 중 얼마는 내다 팔았고, 추수 때는 수도사들이 일반 노동자들이 받는 삯을 받고 일하기도 했다.13) 아마亞麻도 재배했다. 사라피온의 수도원과 알렉산드리아 사이에서는 아마와 밀의 교역이 성행했다. 코프레스는 자신을 위해서, 그리고 주위에 있는 농부들을 위해 농사에 관심을 가졌다. 그리고 많은 교부들은 열심히 노력하여 광야를 꽃피는 곳으로 만들었다.

사막에서는 그 밖에도 다른 물건들과 교역을 해야 했다. 은수사 존은 나귀를 위한 마구를 제작했고, 아코리스의 지역에 살던 아펠레스는 수도사로 있으면서 대장장이 일을 하여 수도사들이 사용하는 도구들을 만들었다. 그러나 공부나 독서나 책을 필사하는 것 등에 대한 언급은 거의 없다. 수도사들 중에서 가장 유식한 에바그리우스는 니트리아에서 방문객들과 담화를 했으며, 그들은 그의 학식에 감탄했다.

그 밖에도 이 문헌들에는 기본적으로 성경 연구를 존중했다는 증거가 있다. 거의 평생 글을 알지 못한 채 생활했던 파테르무티우스는 자기에게 주어진 책을 읽게 되었을 때 성경에 대한 지식을 "최고의 수도"라고 언급했다는 내용이 이 책에도 실려 있다.

수도사들은 끊임없이 시편으로 노래했고, 방문객들은 기도문과 아가서를 암송하는 것은 기본적인 일과였다. 그들의 기록을 볼 때 더욱 놀라운 것은

---

13) *Sayings of the Desert Fathers*, Benjamin I; Isaiah 5; Pior I.

성찬예배에 대해 언급한 횟수이다. 다른 문헌들을 참고로 하면, 이집트 수도사들 중에는 사제들이 거의 없었고, 성찬예배를 거행하는 것은 그들의 생활에서 중심적인 일이 아니었다. 심지어 초기의 어떤 교부들은 매일 정해진 시간에 정규적으로 기도문을 암송하는 것까지도 위험한 제도라고 생각했으며,14) 성찬예배는 도시인들에게나 어울리는 사치였다. 그러나 이곳에서는 은수사들, 그리고 집단생활을 하는 수도사들이나 수도원에서 생활하는 수도사들이 자주 성찬예배를 거행했다고 한다. 코프레스, 율로기우스Eulogius, 이시도레, 그리고 피아몬나스Piammonas 등은 사제였다. 리코폴리스의 존은 방문객들과 대화를 시작하면서, 한 번 성직에 임명된 사람은 결코 그것을 포기할 수 없다는 것을 상기시켰다. 그들은 방문객을 맞이할 때 환영인사를 하고 발을 씻겨주고 성찬예배를 베풀고 식사를 대접했다고 한다.15) 니트리아에서는 토요일과 주일에는 모든 형제들이 참석하는 예배를 거행했다. 수도사들은 "주일과 토요일에만 교회에 모였으며‥예배 때가 아니고서는 서로 만나지 못했다." 은수사 존은 주일마다 반드시 사제에게서 성찬을 받았는데, 사막으로 방랑하다가도 주일이면 반드시 돌아왔다. 헬레는 어느 수도원을 방문했는데, 주일 예배를 인도할 사제가 없는 것을 알고는 즉시 강 건너 마을로 사제를 부르러 떠났다. 그런데 사제는 너무 소심해서 헬레가 준비한 비상 교통수단을 사용하지 않았다. 피아몬나스, 마카리우스, 디오스코로스, 그리고 피티리온 등은 다른 수도사들이 성찬에 임하는 정신적 자세를 알아냈으며, 오직 깨끗한 마음으로 성찬에 임하는 것을 가장 중요한 일로 삼았다. 그러나 바윗에 있는 아폴로의 수도원에서는 성찬에 대해 상세하게

---

14) Ibid. Epiphanius 3.
15) 이것이 기독교국이었던 이집트에서 손님들을 영접하는 관습이었다. 그러나 기도 대신에 성찬을 추가한 것은 특이하다.

묘사했으며, 그 수도원에서는 성찬이 가장 중요한 위치를 차지하고 있었다. 아폴로의 수도원에서는 날마다 성찬을 행했다. 아폴로는 방문객들에게 이렇게 말했다.

> 수도사들은 가능하다면 날마다 성찬예배를 드려야 합니다‥그러므로 수도사들은 날마다 어느 때라도 천상의 신비인 성찬을 받을 수 있는 자세와 준비를 갖추고 있어야 합니다. 왜냐하면 그렇게 함으로써 우리에게 죄사함이 주어지기 때문입니다.

이 문헌들을 보면 당시에는 5백 명에 달하는 수도사들과 은수사들이 날마다 제9시에 콥트식 성찬예배를 거행하며 밤에는 철야를 하는 일이 일상적인 일이었다. 카시안은 주일과 토요일에 성찬을 받기 위해 만나는 이집트 수도사들의 형태에 대해 묘사했다.16) 이것은 『수도원 역사』에 니트리아에서 묘사된 것과 같은 관습이다. 루피누스는 성찬예배 때 수도사들을 시험한 악마들에 대한 이야기에서 성찬예배 광경을 "제단이 훤히 보이며, 수도사들은 서서 기도하다가 엎드려 손으로 성찬을 받는다"라고 상세하게 묘사했다. 팔레스틴 출신의 방문객들이 자신들이 본 것들 중에서 선별하여 기록했을 가능성이 있다. 또 그들이 수도사들을 방문했을 때 대체로 수도사들은 그들을 환영하며 성찬예배에 참여하게 해 주었으므로, 그들의 기록에 성찬예배가 정도 이상으로 강조되어 있을 수도 있다. 또 그들 자신이 소속된 수도원의 관습과 비슷한 관습에 특별히 흥미를 느꼈을 수도 있다. 그러나 이것은 추측일 뿐이다. 실제로 팔레스틴 방문객들은 4세기 이집트 수도사들에 대해 기록하면서 성찬예배와 관련된 행위에 대해 많이 기록했다.

---

16) *Institutes* III 2; *Conferences* III.

방문객들이 관찰한 수도생활은 *Lausiac History*, 『사막교부들의 금언』, 존 카시안, 그 외의 여러 문헌을 통해 알 수 있는 수도생활의 모습을 보완해준다. 팔레스틴 방문객들은 수도사들의 말을 열심히 경청하고 관찰했으며, 과장된 것들도 많이 받아들였다. 그러나 그들은 더 극단적인 금욕적 관습들을 본받아야 한다고 제안하지는 않았다. 수도사들이 행한 기적과 기사들은 감탄할 만한 것이기는 하지만, 그들에게서 본받아야 할 것은 그들의 덕이라고 주장했다. 중요한 것은 자아로부터 이탈한 내적 세계와 하나님을 향한 자유로운 마음이다.

당신이 정욕과 욕망을 극복하게 된다면 당신의 덕이 한 차원 성장되었다는 징표가 될 수 있다. 왜냐하면 이것이 하나님의 기름부음의 시작이기 때문이다.

4
이집트 수도 생활의 이상과 통찰

방문객들은 이집트 사막의 수도사들을 관찰하고 그들의 외면적 행동을 기록했다. 그러나 방문객들은 다른 데에도 관심을 가지고 있었다. 그들은 사막의 교부들에게서 수도생활의 내적 의미를 배우는 데 관심을 가졌다. 그들의 여행 후반부에 기록한 내용에는 수도사들이 이해하고 있는 사막의 개념과 이상들에 관한 자료들이 많이 있다. 저자는 가장 긴 제1장에서 리코폴리스의 존을 방문한 일을 기록했다. 리코폴리스의 존은 사막의 교부들 중에서 가장 유명한 인물 중 하나로서, 그의 존재와 공적들은 다른 문헌에서도 다루고 있다. 제1장은 길지만 그 자체로 완결되어 있으며 일종의 찬사로 끝난다. 그것은 단순한 사실들의 나열이라기보다는 그들이 받은 감명을 전달하려는 목적으로 주의 깊게 작성된 것이다. 거기에는 저자가 깨달은 사막 생활의 기본 교훈이 담겨 있다.

군주들의 조언자였던 리코폴리스의 존은 방문객들에게 무슨 말을 했는가? 그는 사막의 전통적 예법에 따라 그들을 맞아주었다. 그들은 차분히 앉아 대화를 했다. 외딴 산기슭에 있는 조그만 수실 안의 광경 묘사는 하나의 회고담인데, 전체적으로 두 번 이상의 방문 내용을 기록하고 있다. 다룬 것이다. 방문객들은 관습대로 특별히 주제를 정하지 않은 채 이야기를 청했고, 존은 그들에게 이야기를 해 주기 시작했다. 그는 영적 교훈을 주기 위해 세심한 배려하면서 여인들에 관한 세 가지 이야기부터 시작하여 남성들에 대한 세 가지의 이야기로 끝을 맺었다. 중간에 사막의 위대한 덕들인 겸손, 분별력, 그리고 하나님을 향한 한결 같은 헌신적인 생활 등에 관한 설교를 했다.

저자는 존에 대한 기록을 할 때, 그가 다른 수도사에게서 들은 세 가지 이야기를 먼저 기록했다. 세 가지 이야기는 모두 여인들에 대한 것으로서, 존이 그 여인들을 도와주었다는 내용이었다. 첫 번째는 어느 호민관의 아내가 축복을 받기 위해서 존을 만나기를 원했는데, 존이 꿈에서 그녀를 축복해 주었다. 두 번째는 어느 군인이 존과 상담을 하고 있는 동안 군인의 아내가 아기를 낳았다. 존은 군인에게 아기의 이름을 존(요한)이라고 부르고 일곱 살이 되면 사막 수도사들에게 보내라고 했다. 그것은 세례 요한의 이야기를 상기하게 하는 일이었지만, 아이들도 사막에서 받아들였다는 것을 알 수 있게 해 준다.[1] 세 번째는 장님이 된 어느 관리의 부인에 관한 이야기이다. 존이 축복하여 그녀에게 보낸 기름을 발랐더니 그녀는 앞을 보게 되었다. 세 가지 이야기에 등장하는 여인은 모두 결혼한 여인이었고, 그 남편들은 로마의 지배하에 있는 이집트의 관료나 군인이었다. 존은 수도사로서의 일상적 상태를 그대로 유지하면서 여인들과 직접 접촉하지 않았는데도 여인들은 그에게 요청하여 도움을 받은 것이다. 저자는 이 세 여인들을 외국인, 혹은 이방인이라고 언급함으로써 존이 그의 동포인 이집트 사람들에게 베푼 덕과 비교했다. 사실, 그 지방 사람이든 다른 지방의 사람이든 이 성인에게 도움을 청하는

---

[1] 사막에 어린이들이 존재했다는 것에 대해서 알려면 *Sayings of the Desert Fathers*, Carion 2 and 3을 보라. 이 이야기를 볼 때, 소년들은 수도사들에게 이미 유혹이 되었던 듯하다.

사람들은 도움을 받을 수 있었다.

저자는 제자들과 함께 있는 존의 모습, 또는 동포들이나 외국인들과 함께 있는 모습을 묘사한 후에 자신이 여섯 명의 동료들과 함께 존을 방문했던 일을 기록했다. 이 교부는 충심으로 그들을 맞아주면서도, 앞에서 언급했던 대로 그들을 책망했다. 일행 중 한 사람이 겸손에 대해 오해하여 자신이 집사가 아닌 체 했는데, 존은 그의 잘못된 행실을 바로잡아 주었다. 그는 "그리스도의 선물을 부인하며 거짓말을 하지 마시오"라고 말했다. 성직이란 어떤 사람을 우월하게 만들어 주는 개인적인 소유나 특권이 아니라 하나님의 선물이므로, 그것을 부인하는 것은 오만한 일이며 속이는 일이다.

그의 엄격함은 그 정도에서 그치지 않았다. 일행 중 또 한 사람이 열병에 걸렸다. 존은 "이 고통은 그의 연약한 믿음 때문에 생긴 것이지만 결국 그에게 유익이 될 것이다"라고 말했다. 그러면서도 그는 그 형제에게 약간의 기름을 주면서 바르라고 했는데, 그것이 그의 기운을 북돋아 주는 효과적인 약이 되었다.

존은 계속 손님들을 엄하게 대했다. 그는 그들이 사막을 찾아온 열심을 칭찬하면서도 "그대들이 이곳을 찾아온 것만으로 충분하다고 생각하지 마시오…그대 자신을 신뢰하지 마시오…허영심 때문에 우리의 덕을 취하려 하지 않도록 조심하시오"라고 말했다. 존은 거짓된 가치관, 즉 선한 사람이 되기보다 선한 것처럼 보이기를 원하는 것, 즉 수도원을 찾아온 방문객의 태도에 대해 경고하였다. 이런 태도를 지녔기 때문에 방문객은 그곳에서 본 것에 대해 기록하면서 자신을 칭찬했고, 또 수도사들과 그들에 대한 자신의 체험을 기록하면서 스스로를 높이려 했다.

존은 사막이 주는 중요 교훈을 개인적으로 직접 적용하면서 다소 형식적인 설교를 시작했다. 그 다음에는 실재, 망상을 벗어버리는 것, "하나님을 만나고 하나님의 친구"가 되기 위해 일생 동안 신중하고 집요하게 계속해야 하는 싸움을 주제로 설교했다.2) 그는 이것만이 수도사들이 추구해야 할 과업이라고 제시했다. 존은 이것이 기독교인의 유일한 소명이라고는 주장하지 않았지만, 수도의 길을 선택한 사람들에게 다른 생활 방식들을 제시하는 유혹을 극도로 경계했다.

그는 수도사에게 모든 시험과 위험들을 설명하기 위해 세 가지 이야기를 손님들에게 해 주었다. 이 이야기들이 이상적인 사막생활에 대해 어떤 교훈을 주는지 상세히 조사해 보는 것은 가치 있는 일이다.

첫째, 동굴 속에서 깊은 침묵으로 독거하면서 여러 해 동안 극단적인 금욕생활을 한 수도사가 있었다. 그는 가장 엄격한 금욕주의를 실천했다. 그런데 어느 날 아름다운 여인이 찾아와 그를 유혹했고, 그는 그녀의 구애를 받아들였다. 그러나 그녀는 조롱하면서 그를 거부했다. 저자의 표현에 따르면, 그 여인의 조롱하는 소리는 악마의 웃음소리였다. 사막에서는 이러한 상황이 종종 벌어진다.3) 그러나 이 수도사는 회개하지 않고 낙심하여 세상으로 돌아가고 말았다. 이것은 결국 그의 금욕고행이 처음부터 거짓이었으며, 자만심을 버리고 하나님의 자비에 의지하는 근본적인 태도를 얻으려는 목표를 가지고 금욕고행을 시작한 것이 아니었다는 세인들의 이야기를 증명하는 것이었다. 그는 금욕고행을 은혜의 방편으로 여기지 않고 자신의 소유로 알고 사용했기 때문에 그와 같이 완전히 실패한 것이다.

두 번째 이야기에는, 도시에 살면서 많은 악을 행하고 중죄를 범한 사람이 등장한다. 그는 양심의 가책을 느끼고서 애통하면서 사막으로 들어가 무덤

---

2) Cf. *Life of St. Anthony*, 4.
3) Cf, *Wisdom of the Desert Fathers*, trans. Benedicta Ward, SLG Press, Oxford, 1979, §§ 31-59, pp. 7-21.

안에서 살았다.4) 그곳을 떠나 세상으로 돌아가고픈 유혹은 "그의 이전 생활을 지배하던 악마들"에게 당하는 고통과 고뇌라고 표현된다: 친척들은 그가 그 생활을 포기하게 하려고 했지만, 그는 이러한 영적 싸움을 이겨내고 결국 평화를 얻었다. 저자는 그의 상태를 "무릇 자기를 낮추는 자는 높아지리라"(눅 14:11)는 말씀으로 표현했다.

세 번째 이야기는, 대단히 덕망 있고 거룩한 수도사가 자기의 생활 방법이 자신의 영광이라도 되는 듯이 자만하는 이야기이다. 수도사들이 끊임없이 행해야 하는 작지만 어려운 일, 즉 아침에 일찍 일어나는 일을 기피하려는 등 세부적인 일을 등한시하기 시작했다. 마침내 그는 자신의 열심이 식었음을 깨닫게 되었다. 그러나 그는 진심으로 회개하지 않고 자기의 수실을 떠나 사막으로 갔다. 그는 만족함을 얻지 못하고 불안해했다. 그곳에서 그는 몇 명의 수도사를 만났는데, 그들은 그를 자기들의 참된 교부로 여기며 조언과 도움을 청했다. 그 수도사는 그들에게 죽기까지 인내하라는 충고를 하던 중, 갑자기 자신의 말이 얼마나 위선인지를 깨달았다. 그리고 그는 홀로 수실에 들어가 기도하기 시작했다. 이번에는 특별한 능력을 가진 지혜자의 태도가 아니라, 구세주 앞에 엎드린 죄인의 마음으로 진실로 겸손하게 열심히 기도했다. 그 이야기의 마지막 말은 사막에서의 수도생활의 방식을 마무리해 준다. 그는 "하나님께서 너의 회개를 받아주시고 너에게 긍휼을 베푸셨다. 앞으로는 미혹되지 않도록 조심하라. 네게서 영적 권고를 받았던 형제들이 선물을 가지고 너를 위로하러 올 것이다. 그들을 영접하며 그들과 함께 식사를 하라. 그리고 항상 하나님께 감사하라"는 말을 들었다.

이 책에서는 회개, 양심의 가책, 애통하는 마음, 우리를 구속하고 억제하

---

4) 이집트의 은수사들이 무덤을 사용한 것에 대해서 알려면 *Life of St. Antony*, §§ 8을 보라.

는 것들로부터 벗어나야 할 필요성, 자유를 상징하는 사막, 자아와의 싸움, 그리고 진심에서 우러난 금욕고행이 없으면 그 싸움도 자신을 내세우는 방법이 될 수도 있다는 것, 수도생활의 궁극적 해결책인 사랑과 우정 등의 주제를 다룬 이야기들이 계속 등장한다.

수도사들에게 임하는 유혹을 묘사하고 분석하기 위해 악마라는 이미지도 사용되곤 하는데, 여기에 대해서는 설명이 필요하다. 이 책에서는 일반적으로 악의 실체를 악마라는 용어로 표현하고 있다. 그렇다고 해서 독자들은 사막 교부들이 순진했다고 생각해서는 안 된다. 그들은 고대 세계에서 영성생활을 다루는 심리학 분야의 대가라고 할 수 있다. 이야기 속의 공백을 단순히 가공의 도깨비로 채우기 위해 악마를 언급한 것이 아니다. 첫째 이야기에 등장하는 여인[5]이 실제의 여인으로서 어떤 원인이나 결과에 관계에 있는지, 두 번째 이야기에 등장하는 괴로움이 실제의 과거의 기억으로서 어떤 원인이나 결과에 관계에 있는지, 세 번째 이야기에서 신비한 빵이 실제의 빵으로서 어떤 원인이나 결과에 관계에 있는지를 교부들은 아마 잘 알고 있었을 것이다. 그러나 그들은 "어떻게"라는 질문, 사건들의 역학관계에는 관심을 갖지 않았다. 혹 그런 것을 안다고 해도 이 이야기에서는 그런 것들에 대해 다루지 않았다. 그들이 묘사하는 것은 시험과 타락, 악, 죄, 절망, 그리고 회개하고 돌아오는 일이 얼마나 어려운 일인지 등에 대해서였다. 이렇게 묘사하는 데 있어서 악마는 하나의 공인된 위치를 차지하여 어떤 설명보다 더 생생한 효과를 나타낸다. 실제로 여인이 수도사를 유혹했을 수도 있을 것이다. 그러나 이 이야기는 여인에 대한 것이 아니라 유혹에 대한 것이다. 어떤

---

[5] "여인으로 위장한 마귀"에 대한 이야기를 보려면 *HM* XIII을 보라. 아펠레스는 여인의 유혹을 받았는데, 뜨겁게 달아오른 인두로 그녀의 얼굴을 지졌다. "형제들이 수실에서 그녀가 지르는 비명 소리를 들었다"는 사실은 실제로 여인이 관련되어 있었음을 나타내준다.

이야기에 등장하는 특정 이미지들을 이해할 수 없을 때, 주어진 이야기 속에서 말하려는 것이 무엇인지를 분별해내는 것은 복합적이고도 미묘한 일이다.

리코폴리스의 존은 방문객들로 하여금 비현실적인 가치관을 버리고 집중하는 마음으로 하나님께 나아오는 참된 가치관을 갖게 하기 위해서 이러한 이야기와 설교를 사용했다. 그는 그들에게 "침묵 속에 잠기며 관상하는 훈련을 하시오"라고 말해 주었다. 그는 "이렇게 하는 수도사는 근심 걱정의 방해를 받지 않고 하나님의 임재 안에 거할 수 있습니다. 왜냐하면 그런 사람은 하나님과 함께 생활하기 때문입니다"라고 말했다.

루피누스가 번역한 라틴어판 『수도원 역사』에서도 이와 같은 금욕적 생활의 목표와 방법이 기술되어 있다. 그것은 놀라운 방법으로 내면생활을 기록하였는데, 사막에서 주로 관심을 기울여야 할 대상인 내면 의식에 대해 기술하고 있다. 존은 "우리는 하나님 앞에서 기도할 때 내적 욕망을 부인하는 어려운 일을 지속적으로 행해야 하는데, 그때는 자신의 생각과 감정에 최대의 관심을 기울여야 합니다"라고 말했다. 수도사의 중심 과제는 자기의 소유뿐만 아니라, 소유욕까지도 부인하는 것이다.

존은 뱀처럼 우리 마음속에 도사리고 앉아서 끊임없이 어수선하고 불안하며 거짓되고 그릇된 자아를 만들어내는 이기심을 없애야 한다고 설명했다. 우리는 이러한 거짓되고 그릇된 자아를 자신의 진정한 자아로 착각하여 그것을 소중히 여기며, 그것을 근절하려는 생각에 저항한다. 존의 말에 의하면, 우리는 그것을 공허한 쾌활함이나 헛된 슬픔으로 덮는다고 한다. 이것은 『베네딕트의 수도규칙』의 "겸손의 단계"라는 항목에서 강조되고 있다. 분심은 평화와 안정이라는 내면의 샘과 대조가 된다. 마음의 평화는 하나님의 성령의 역사이며, 이러한 마음이 있으면 사랑과 온유와 오래 참음과 다른 사람을 판단하지 않는 것 등 사막 생활의 전형적인 덕들이 생겨난다.

존은 자만심에 빠져 스스로 금욕이라는 고된 일을 하지는 않고, 다른 사람들의 말을 인용하면서 선한 것처럼 보이기만을 원하는 태도를 신랄하게 비난했다. 수도사가 해야 할 우선적인 일은 하나님께 기도함으로써 하나님 앞에서 거짓 자아가 제거되고 참된 하나님의 형상을 닮은 모습이 드러나도록 해야 한다는 것이다.

따라서 그리스어 판과 라틴어 판 『수도원 역사』에서는 수도사의 금욕 생활을 가장 먼저, 그리고 가장 길게 다루고 있으며 나머지 항목에서도 계속 이러한 주제를 다루고 있다. 다른 문헌들에서도 금욕생활을 사막 교부들의 기본 영성으로 다룬다.

이러한 생활에서 가장 기본적인 일은 금욕의 실행 자체가 아니라, 회개 즉 자신을 내세우는 일을 버리는 것, 다시 말해서 일생 동안 자신의 뜻을 그리스도의 십자가 앞에 내려놓는 것이다. 수도사는 죄인이요, 돌아온 탕자이다. 회개는 처음에는 육체적이고 실천적이지만 궁극적으로는 영적인 것이 되어야 한다.

그 다음에 이어지는 이야기들은 다소 극적인 방식으로 이제까지 살아온 생활을 버리고 떠난 사람들의 이야기이다. 파테르무티우스는 강도이자 살인자였고, 필레몬은 이교의 예배에 참여하여 피리를 불던 사람이었다. 또 테온에게 감화를 받아 수도사가 된 강도들도 있었다. 아폴로와 파프누티우스도 산적을 회심시켰다.

중요한 것은 우리와 관련된 상황과 환경에서 이탈해야 할 필요가 있다는 점이다. 어느 이야기에서는 이와 같은 근본적인 이탈 행위를 순교, 죽기까지 싸우는 육체의 싸움이라는 용어로 묘사한다. 그러나 이러한 최초의 이탈 행위는 수도사의 한 가지 측면의 회개에 불과하다. 몸의 이탈은 회심의 첫 단계이다. 여기에서는 정욕, 즉 인간 내면의 죄악에 대적하여 싸우기 위해 좀 더 많은 주의를 기울여야 한다. 아폴로의 말에 의하면, 수도사는 죄인이며, 성찬에 참여하여 그리스도로부터 계속해서 죄사함을 받는다고 한다. 이웃에 있는 사람들은 수도사들을 "화평케 하는 자"로 보았을지 모르지만, 수도사들은 자신을 "애통하는 자" "심령이 가난한 자"로 보았으며, 하나님의 얼굴을 보는 것에 대해서도 일반인들과는 아주 다른 견해를 가지고 있었다.

그러므로 수도사들은 하나님 앞에서 자신의 마음을 성찰하여 자신의 실체를 좀 더 잘 깨닫기 위해서 반사회적인 행동에서 돌이키며, 또 사회의 일반적인 방식들에서도 돌이킨다. 그들은 자신이 불완전하고 비참한 상태에 있다는 것을 인정하며, 불완전한 상태에 있으면서도 언제나 천국에 이르기 위해서 노력한다.

이 책에 기록되어 있는 오랜 금식, 철야, 침묵, 고독, 유혹 등에 관한 이야기들은 그런 주제들 자체가 목적이 아니다. 아폴로는 쇠사슬을 몸에 두르고 머리를 빗지 않은 채 내버려두는 사람들을 호되게 비난했다. 그는 "이런 사람들은 겉을 꾸미며 다른 사람에게 인정받기를 원한다"고 말했다.

여기에서는 회개라는 내면의 길로 인도해 주는 것들을 권장한다. 수도사들도 야곱처럼 일생 동안 노력하고 훈련해도 알 수 없는 하나님과 밤새도록 씨름한다. 서언에서 말한 바와 같이 저자는 그 수도회에서 수도사들의 열정적인 사랑과 위대한 금욕적 훈련을 목격했다. 사막이라는 곳은 항상 십자가의 처소로 제시되며, 수도사는 "확신을 갖고 십자가에 달리신 분 곁에 선다. 왜냐하면 십자가에 달리신 주님은 죽기까지 순종하셨기 때문이다."[6]

한 형제가 교부에게 물었다.

---

6) *Sayings of the Desert Fathers*, Hyperechios 8.

"어떻게 해야 구원을 받을 수 있습니까?"

교부는 옷을 벗고 허리띠를 조이고는 하늘을 향해 두 손을 들고서 말했다. "수도사도 이렇게 해야 합니다. 즉 이 세상에 있는 모든 것을 벗어버리고 십자가에 달려야 합니다. 운동선수는 경기를 할 때 두 주먹으로 싸웁니다. 마찬가지로 수도사는 생각에 잠길 때 하늘을 향해 십자가 형태로 두 팔을 벌리고 하나님을 불러야 합니다. 운동선수는 경기에 임할 때 불필요한 옷은 모두 벗어버립니다. 수도사도 모든 불필요한 것들을 벗어버리며, 기름 부음을 받고 싸우는 방법을 주님에게서 배워야 합니다. 그리하면 하나님 께서 승리하도록 인도해 주십니다."7)

비록 수도사들의 눈물과 고통에 대한 이야기가 이 책의 내용의 중심 부분이 된다고 하더라도 그것이 전부는 아니다. 수도사의 수실은 "바벨론의 풀무불"이라고 불리지만, 그곳에서 "세 명의 하나님의 자녀들은 하나님의 아들을 발견했다"고 한다.8)

『수도원 역사』에서는 십자가의 또 다른 면, 즉 부활도 다룬다. 수도사들은 자신들이 무가치한 존재라는 것을 전하는 것이 아니라, 하나님의 영원한 신실하심을 전한다. 그들의 말에 따르면, 하나님은 거짓말을 하지 아니하시며, 항상 수도사들과 함께 계시면서 그들의 슬픔을 천국의 기쁨으로 변화시켜 주신다. 야곱은 어둠 속에서 하나님과 겨루어 영원히 절름발이가 되었다. 그는 배반했던 형에게로 가서 "내가 형님의 얼굴을 뵈온 즉 하나님의 얼굴을 본 것 같습니다"(창 33:10)라고 말했다.

이 책에는 시련을 당했으나 그 시련에 굴복하지 않고 하늘로 올라가신 새로운 아담의 이미지가 제시된다. 빛과 기쁨, 천사들의 삶, 천국, 기쁨의

---

7) *Wisdom of the Desert Fathers*, §11, p. 3.
8) Ibid. §74, p. 24.

소리 등의 이미지도 있다. 수도사들은 금욕고행에 짓눌린 우울한 사람들이 아니라, 오히려 그 때문에 더욱 활기차고 가까이 하기 쉬운 사람들이다. 심지어 그들의 외모도 그들 안에 있는 새 생명을 보여준다. 리코폴리스의 존은 40년 동안 독거생활을 했는데 "밝고 웃음 띤 얼굴"이었다고 한다. 베스$_{Bes}$는 온유하고 점잖고 지극히 평화스러웠으며, 테온은 밤중에 밖에 나가 야생 짐승들에게 물을 주었다고 한다. 니트리아의 암모니우스는 자신의 공동체를 찾아오는 사람들을 영접하여 음식을 대접했다.

> 수도원에서 살기로 작정한 사람들을 교회로 초대하여 음식을 대접했다. 그들이 즐거운 시간을 보내는 동안 형제들은 각기 자기의 외투나 바구니에 빵, 또는 자기의 수실에 있는 물건들을 담아 새로운 형제들의 수실에 놓아둠으로써, 어느 형제가 어떤 선물을 했는지 알지 못하게 했다.

디디무스라고 불리는 교부는 맨발로 전갈을 밟고 다니는 습관이 있었지만, 호감이 가는 얼굴을 하고 있었다. 방문객들은 아폴로의 명랑함에 감명을 받았다. 그는 방문객들에게 말하기를, 행복은 기독교인들의 선택 항목이 아니라 의무적으로 지녀야 하는 것이라고 했다.

그는 "하늘나라를 유업으로 받으려는 사람은 자기의 구원에 대해 낙심해서는 안 됩니다. 이교도들은 우울해 하고, 유대인들은 울부짖으며, 죄인들은 슬피 울지만, 의인들은 기뻐할 것입니다··우리는 이처럼 큰 소망을 가질 자격이 있는데 어찌 끊임없이 기뻐하지 않을 수 있겠습니까?"라고 말했다. 그리스도로 말미암아 구속함을 받은 사람들은 그리스도 안에서 발견한 새 생명을 분명히 드러내야 한다. 수도사는 생명과 소망을 주시는 하나님과의 관계에 있어서 개인적인 절망을 유익하게 사용해야 하며, 그러한 절망감을 다른 사람에게 전염시키지 말아야 한다.

하늘에서 주신 이 생활은 사람들, 특히 형제들을 향한 사랑이라는 특성을 지닌다. 수도사들은 손님들을 사랑으로 영접하는 것으로 유명했으며, 이 책에는 손님들을 환대한 예들이 많이 등장한다. 가장 두드러진 것은 니트리아와 켈리아에서 방문객들을 맞이한 태도이다.

그들의 인간미, 예의바름, 사랑을 어떻게 해야 공정하게 표현할 수 있으리요…나는 어디에서도 그와 같이 큰 사랑을 보지 못했으며, 그처럼 자비롭고 진심으로 환대하는 것도 본 적이 없었다.

그러나 방문객들은 떠났으며, 그들에게 베푼 사랑은 일시적인 것이었다. 반면에 수도사들끼리의 관계는 영구적인 것이었다. 사막에서 그들은 각기 떨어져 있는 자신의 수실에서 지내지만, 사랑 안에서 하나가 된다. 이 책에는 형제들이 궁핍한 형제들을 보살펴준 이야기, 그들이 대화를 하며 즐거움으로 나눈 이야기, 그리고 공동생활에서 가장 큰 덕인 다른 사람을 판단하지 않은 것에 대한 이야기들이 있다.

스케테에 살고 있는 한 형제가 잘못을 범했다. 그리하여 위원회가 소집되었다. 사부 모세도 그 위원회에 초청을 받았으나 가지 않았다. 사제는 그에게 사람을 보내어 "빨리 오십시오, 모두가 당신을 기다리고 있습니다"라고 전했다. 모세는 할 수 없이 그곳으로 가면서 깨진 항아리에 물을 담아 들고 갔다. 사람들은 그를 맞이하면서 "아버지여, 이것이 무엇입니까?"라고 물었다. 그는 "내가 지나온 길에는 내가 지은 죄들이 줄줄 새고 있지만 나는 그것을 보지 못합니다. 그런데도 나는 다른 형제의 잘못들을 판단하기 위해 이곳에 왔습니다"라고 말했다.9)

---

9) *Sayings of the Desert Fathers*, Moses 2.

마카리우스는 다른 사람들의 허물을 보고도 전혀 보지 않은 듯이 덮어 주었다.10) 그것은 기도의 열매이자 증거였다. 순교자 아폴로니우스가 필레몬의 조롱을 받고도 원망하지 않았다는 이야기도 있다.

사막에서의 사랑이 지닌 또 다른 측면은 은수사들이 여러 해 동안 홀로 수도생활을 한 후에 공동체로 돌아와 형제들과 함께 생활한 이야기에서 발견된다. 방랑하는 은수사로서 극단적인 고행을 하다가 다른 수도사들을 지도하기 위해 공동체로 돌아온 존을 그 예로 들 수 있다. 헬레 역시 홀로 수도생활을 하다가 돌아와 다른 수도사들과 함께 생활했다. 오르와 아폴로는 처음에는 독수도獨修道를 했지만, 중년이 되었을 때 수도원으로 돌아가 형제들을 도우라는 환상을 보았다. 리코폴리스의 존이 해 준 마지막 이야기는 홀로 사막에서 살면서 많은 유혹을 받은 금욕적인 수도사의 이야기로서, 그는 결국 환상을 보고서 자신의 유익을 위해 공동수도생활을 택했다. 그는 환상 중에 "하나님께서 너의 회개를 받으시고 너에게 긍휼을 베푸셨다. 앞으로는 미혹을 받지 않도록 조심하라. 전에 네가 충고를 해 주었던 형제들이 선물을 가지고 너를 찾아올 것이다. 그들을 반갑게 맞이하여 그들과 함께 식사를 하고, 항상 하나님께 감사하라"는 말을 들었다.

사막은 염세주의자들, 이기주의자들, 개인주의자들에게는 적합한 곳이 아니다. 그곳은 "수도사들이 각기 떨어져 수실에서 지내지만 사랑 안에서 하나가 되어 지내는 곳"이다. 수도사들은 단순한 마음으로 서로를 사랑하며 서로를 의지한다.

마지막으로, "오직 한 가지 일"만을 추구하는 이러한 슬픔과 행복의 생활은 또 다른 측면을 가지고 있다. 수도사들이 지향하는 곳은 천국이며, 낙원에서의 생활이다. 그런 까닭에 『수도원 역사』에서는 흔히 그들을 천사라고

---

10) Ibid. Macarius 32.

일컫는다. 왜냐하면 그들은 천사 같은 생활을 하기 때문이다. 오르는 마치 천사 같았고, 베스는 천사 같은 상태에 도달했다. 『수도원 역사』의 서언에서 수도사들은 "이 땅에서 살지만 참된 천국 시민으로 살아간다"고 묘사하고 있다. 수도사들은 그리스도의 재림을 기다린다.

여기에서도 수도생활의 종말론적인 면을 강조하고 있지만, 다른 원문들과는 다른 낯선 면이 있다. 즉 세상의 낙원을 방문한다는 사상이다. 파테르무티우스는 실제로 낙원에 간 적이 있는데, 그 증거로 커다란 무화과를 가지고 돌아왔다고 한다. 마카리우스에 대해서는 보다 상세한 이야기가 있다. 그 이야기에 의하면, 그는 구약성서에 언급된 이집트의 마술사 얀네스와 얌브레스가 만든 세상 낙원을 방문했다고 한다.11) 여기에는 몇 가지의 이야기가 융합되어 있다. 마카리우스는 사막 한 가운데서 사방에 울타리가 둘려진 낙원을 발견했는데, 그 동산에는 두 명의 거룩한 사람들이 있었다고 한다. 그는 그곳에서 며칠 동안 지내면서 그들과 함께 먹고 대화를 한 후 낙원의 과일을 가지고 돌아왔다. 사막을 방황하다가 자기의 수도원에 도착한 그는 수도사들에게 자기와 함께 낙원으로 돌아가자고 설득했다. 그러나 수도사들은 사막의 예의와 정중함이 담긴 태도로 마카리우스에게 말했다.

"만일 우리가 이 세상에서 낙원에 들어가 즐긴다면, 그것은 세상에 사는 동안 우리 몫의 선한 것을 받는 셈이 될 것입니다. 그렇게 되면 장차 우리가 하나님 앞에 갈 때 어떤 상급을 받게 되겠습니까? 우리가 무슨 덕에 대해 상급을 받을 수 있겠습니까?"

---

11) 출 7:11ff; 딤후 3:8 참조. 이 이야기는 *Lausiac History* c. XVIII에 소개되어 있다: "얀네스와 얌브레의 정원 무덤…그들은 4평방피트 정도를 돌로 작업을 했다. 그들은 그곳에 자기들의 기념비를 세우고 많은 금을 파묻었다. 그들은 그곳에 나무들을 심었고, 우물을 팠다."

4. 이집트 수도생활의 이상과 통찰 69

 이렇게 말하며 그들은 마카리우스에게 낙원으로 돌아가지 말라고 설득했다.

 신선하고 좋은 먹을 것이 가득한 동산이라는 낙원의 개념은 메마르고 제한된 사막에서 생활하는 수도사들을 사로잡고 있었던 생각 중 한 가지를 반영해 준다. 수도사들에게 음식을 공급해 주어 "천사"라고 불린 방문객의 이야기도 있다. 그들이 공급해 준 음식은 사막에 있는 수도사들에게는 진기하고 이국적인 과일이었다. 식욕은 아무리 억제해도 완전히 억제되지 않았으므로, 그들은 끊임없이 성욕은 물론이요 탐식과도 싸워야 했다.

 이 기사는 "전일성$_{全一性}$"과 평화로운 마음을 수도사의 목표로 제시한다. 아마 이것을 가장 잘 요약한 것이 베스에 대한 묘사일 것이다. 그는 "천사 같은 상태" 즉 완전함의 정상에 도달했다고 한다.

 그는 완전한 침묵 생활을 했고, 그의 태도는 평화로웠다··그는 지극히 겸손하여 자신을 전혀 중요하다고 생각하지 않았다. 우리는 그에게 격려가 되는 말을 해 달라고 졸랐지만, 그는 마지못해서 온유함에 대해 간단히 말해 주었을 뿐이다.

5
사막의 기적

『수도원 역사』에는 4세기 이집트의 사회생활, 이집트 수도 생활의 표면적인 특징들이 나타나 있다. 그리고 이집트를 방문하는 사람들이 수도사들의 삶에 대한 기사를 읽음으로써, 영적으로나 도덕적으로 그들에게 접근하는 데 도움이 될 자료들도 포함되어 있다. 그러나 이 문헌에 들어있는 좀 더 중요한 요소는 이 세상에 살면서 이 세상을 초월한 곳, 테베 건너편에 있는 곳을 조망한 것이다.

현대 독자들에게는 생소하겠지만, 초기 수도원 운동에 관한 모든 문헌에 들어있는 요소 중 하나가 기적에 관한 기사이다. 『수도원 역사』에는 기적들에 대한 기사가 유사한 다른 문헌들보다 더 많다. 기적에 관한 문헌들이 그렇듯이, 이러한 이야기에 등장하는 기적들이 과연 어느 정도나 기적적이고 초자연적인 일인지 확인하는 것은 불가능하다. 그러나 그것들을 기록한 사람들은 하나님께서 어떤 방법으로 인간의 일에 개입하셨다고 믿었음은 확실하다. 어떤 방법으로, 어느 정도 개입하셨는지에 대해서는 쉽게 이야기할 수 없다. 그러나 이러한 기적들이 말하려는 것이 무엇인지를 알아내고, 이러한 사건들에 참여한 사람들과 기록한 사람들이 마음에 품었던 사상을 알아보기 위해서, 기록된 기적의 이야기들을 검토해 보는 것이 유익할 것이다.

먼저 "기적"이라고 번역되는 그리스어와 라틴어가 무엇인지를 확인해 보는 것이 좋을 것이다.[1] *miraculum*이라는 단어와 *teras*라는 단어는 거의 사용되지 않는다. 『수도원 역사』에서 "기적"을 지칭하기 위해 일반적으로 사용되는 단어는 *dunamis, sēmeion, thaumata, signa, virtus, prodigia* (불가사의한 조짐)며, 때로는 *thaumaturgia*(요술)도 사용된다. 이러한 기적의 이야기들은 원래 *mirabilia*(즉, 기이함으로 인해 경탄의 대상이 되는 것, 자연의 일상적인 흐름과는 반대가 되는 것)였던 것 같지는 않다. 그것들은 하나님의 능력의 표징이다. 그것들은 하나님께서 과거에 선지자들과 사도들 사이에서 강력하게 역사하셨듯이 지금도 강력하게 역사하신다는 것을 보여주는 표징이다. 그것들은 수도사들의 *virtus*(덕)를 증명해 주며, 수도사들을 하나님의 능력을 성서적으로 계시해 주는 위치에 오르도록 해 주었다.

그러므로 이 기적의 사건들은 어떤 다른 일의 표징들이다. 우선, 그것들은 성경에 있는 확정된 계시의 권위를 가리키는 표징들이다. 교부들이 "베드로처럼 죽은 자들을 살리고 물 위를 걸었다"라고 저자는 말한다. 코프레스는 이교도들과의 싸움에서 불 시험을 견뎌냈는데, 이것은 엘리야와 바알의 선지자들이 대적한 장면을 연상시킨다. 아폴로와 그의 동료들은 감옥에 있을 때 베드로처럼 천사들의 방문을 받았다. 리코폴리스의 존은 계속 선지자로 불렸다. 기드온을 위해 태양이 멈추었듯이, 파테르무티우스를 위해서도 태양이 멈추어 섰다. 엘리야가 박해를 피해 도피했을 때 하나님께서 그에게

---

[1] 성경에서 "기적"을 지칭하기 위해 사용된 용어들을 훌륭하게 요약한 것으로는 C. Moule, *Miracles, Appendix* I, London, 1945를 보라. 또 B. Ward, "Miracles and the Desert Fathers' in the *Proceedings of the VIIIth International Patristic Conference* at Oxford, 1979를 보라.

먹을 것을 공급해 주셨듯이, 광야에서도 떡이 공급되었다. 이러한 방법을 통해 이 책의 사건들이 실제로 일어난 사건들임을 증명하고 있다. 이러한 언급들은 현재와 거룩한 과거를 연결해 주는 고리이다.

수도사들이 확신하고 있었던 두 번째 사실은, 어떤 의미에서는 성경에서 기적을 보증하고 있지만 기적들이 먼 과거에만 있었던 일이 아니라는 것이다. 수도사들은 선지자들과 사도들의 전통 안에 있었으며, 그들은 "구세주께서는 과거에 사도들과 선지자들을 통해서 행하셨던 일들을 요즈음에 수도사를 통해서도 행하신다"는 것을 보여준다. 사탄이 아폴로에게 나타나서 "그대는 엘리야, 혹은 선지자나 사도들 중의 하나가 아니냐?"라고 말했을 때, 아폴로는 "과거에는 하나님께서 계셨지만 지금은 여행을 떠나시고 안 계시다는 말인가? 하나님은 항상 이런 일들을 행하실 수 있다. 그에게는 불가능한 것이 없기 때문이다"라고 대답했다. dunamis, 즉 능력이 광야에서 생활하는 새로운 이스라엘 위에 임하고 있었다. 수도사들에게 있어서 중요한 것은, 기적이란 그들을 교만하게 만드는 유혹거리가 되어서는 안 되며, 전적으로 하나님의 역사로 여겨져야 한다는 것이다.

과거와 마찬가지로 현재에도 임재하시는 하나님의 영광을 전반적으로 전망해 볼 때, 개인들은 어떤 기적을 행했으며, 왜 그것들을 기록하였는가? 개인들이 행한 기적들은 네 개의 범주로 나눌 수 있다. 즉, 투시의 기적, 치유의 기적, 기적적인 꿈과 환상, "자연"의 기적 등이다. 이것들은 모두 표적이다. 이 책을 읽을 때는 다음과 같은 사실을 기억해야 한다. 즉 고대인들은 "이 사건의 역할은 무엇인가" "이 사건은 어떻게 발생했는가" 등의 질문보다는 "왜", "무엇 때문에" 이 사건이 발생했는가를 중시했다는 점이다.

먼저 투시透視의 기적에 대해 살펴보자. 이미 말한 바와 같이, 그것들은 주로 선지자들의 통찰이나 예지와 마찬 가지로 위대한 통찰과 예지의 예로서 기록되었다. 리코폴리스의 존은 장래를 예측할 수 있었으며, 선지자의 계열에 속하기 위해서 문자 그대로의 의미에서 예언을 했다. 또 그는 사람들의 마음을 읽을 수 있었고, 인간의 본성을 이해할 수 있었다고 한다. 그것은 하나님의 은사였는데, 저자는 그것을 금욕 생활의 결과요, 그에 대한 상급이라고 보았다.

존의 예언의 은사에 대해 방문객들에게 이야기해 준 사람들도 역시 유사한 기질을 가지고 있었던 듯하다. 그들은 선한 생활을 하며 덕망을 갖춘 사람들이었고, 올바르게 분별할 수 있는 사람들이었다. 존과 율로기우스는 사람들이 무슨 생각을 하는지 알 수 있었으며, 제자들의 성향도 알 수 있었다. 아폴로는 방문객들이 올 것을 미리부터 알고 있었고, 그의 제자들과 방문객들은 이것을 기적이라고 여겼다. 테온은 예언의 은사를 가지고 있었다고 한다. 리코폴리스의 존도 다른 수도사들과 마찬가지로 황제의 군사 원정에 대해 충고하는 불편한 일을 맡아서 성공적으로 그 일을 수행했다. 이것은 단순한 예견이나 총명함이라기보다는 기적적인 예언의 은사의 증거인 듯하다. 중요한 것은 이러한 기적 이야기들이 전달하려는 것이 무엇인지를 아는 것인데, 그것은 수정 구슬을 들여다보며 행하는 마술이 아니라 은혜로 갖게 된 예지와 통찰과 관련되어 있다.

두 번째는 사막의 꿈이다. 고대 문헌에서 꿈은 중요한 위치를 차지한다. 그것은 오늘날 심리학적 분석 방법에 의해서만 재발견될 수 있을 것이다. 이 책에 기록되어 있는 꿈들에 대해서 유의해야 할 것은 두 가지이다. 첫째는 수도사들이 꿈에 대해 크게 조심했다는 점이다. 지극히 개인적이기 때문에 증명할 수 없는 일에는 미혹의 위험이 많다. 하나님보다는 악마들이 꿈과 환상들을 만들어낼 가능성이 더 많다. 따라서 수도사들은 매우 조심했으며, 개인적인 계시는 불신하며 반드시 시험해 보았다. 겸손한 수도사요 죄인인 사람들에게 왜 환상이 주어지느냐고 그들은 말했다. 예를 들면, 오르는 꿈속에서 마왕을 보고 그리스도의 이름으로 그를 쫓아냈다. 사탄이 은수사인 존에게 성찬을 제공했다. 그러나 존은 즉시 그가 대적이라는 것을 알아보았다.

두 번째로 유의해야 할 것은, 꿈이란 수면에 초점을 두고 극적인 위기의 순간들, 전환점, 결정적인 변화의 순간들을 말해 주는 자연스러운 언어였다는 점이다. 『수도원 역사』에는 이러한 꿈들이 많이 기록되어 있다. 오르, 아폴로, 그리고 은수사 존 등은 여러 해 동안 홀로 은둔 생활을 한 후에 꿈속에서 형제들에게로 가서 그들을 섬기라고 말해 주는 천사를 보거나 하나님의 음성을 들었다. 두 경우 모두 많은 사람의 조상인 아브라함에게 주신 하나님의 약속과 관련된 꿈이었다.

파테르무티우스가 회심하여 수도생활을 시작한 것도 꿈 때문이었다. 그는 도둑질을 하면서 살던 중, 꿈에서 그리스도께서 황제가 되어 말을 타고 오셔서 자신을 군대에서 일하게 해 주시는 것을 보았다.

필레몬은 원래 악사樂士였는데, 호민관이신 그리스도를 꿈 속에서 보고 회심을 결심했다. 그 꿈에서 그는 자기를 위해 아폴로니우스가 드리는 기도가 받아들여지는 것을 보았다.

아폴로는 동생이 자신을 위해 사도들과 함께 계신 그리스도께 기도하며 자기의 죽음을 예언하는 것을 보았다. 죽음이란 가장 큰 변화이며 삶의 한계를 초월하는 일이다. 그렇기 때문에 천사들과 성도들과 순교자들은 은수사들을 자기들의 사람으로 만들기 위해 온 것이었다.

한편, 파프누티우스는 세 번의 꿈속에서 자기와 동등하게 덕을 갖춘 사람이 그 자신과 그의 생활 방법에 대해 깊이 근심하며 자신에게로 오는 것을 보았다.

이런 꿈들은 좋은 꿈일 수 있다. 그리고 꿈속에서 교부들 자신이 나타나기도 한다. 리코폴리스의 존은 자신을 만나기를 원하는 여인의 꿈에서 나타났다. 그는 꿈에서 그녀를 책망했으며 또 그녀의 병을 치료해 주기도 했다. 이 이야기는 존이 아니라 그 여인이 해 준 것이다.

고대인들은 바보가 아니었으므로 환상에 대해 의심을 품기도 했다. 특히 마카리우스가 얀네스와 얌브레스의 낙원을 방문하고 돌아왔을 때 그를 만난 수도사들도 이러한 의심을 품었다. 그들은 그것이 미망迷妄이라고 생각했으며, 수도생활을 하는 그들에게 유익을 줄 수 있다고 보지 않았다.

세 번째는 치유의 기적이다. 『수도원 역사』에는 이에 대한 직접적인 예는 극히 드물다. 그러나 병을 고치는 것으로 유명한 성인들에 대한 일반적인 논평이 있다. 리코폴리스의 존은 병자에게 바를 기름에 축복했고, 많은 사람들이 병 고침을 받기 위해 엘리아스와 오르를 찾아왔고, 테온은 자기의 수실 창문에 기대어 서서 밖에 있는 병자들을 축복했다. 많은 병자들이 병 고침을 받기 위해 아폴로, 은수사 존, 마카리우스, 아모운 등을 찾아왔다고 한다. 4세기 이집트에서는 수도사들을 눈에 보이는 그리스도의 이콘icon: 그리스도의 化身이라고 생각했다. 세상을 창조하시고 유지해 주시는 하나님과 특별히 통한다고 생각되는 기독교 성인들 개개인이 치유의 능력을 소유하고 있었음을 이러한 이야기들에서 알 수 있다.

신인동형론神人同型論이라는 이단은 이집트 농부들이 흔히 지니고 있던 대중적인 사상이었다. 그리고 하나님이 인간의 얼굴을 가지고 있다고 여겼던 단순한 수도사들은 오리겐주의를 하나의 위협으로 간주했다. 기독교 사회에서만 많은 사람들이 성인들에게서 치유를 받으려 했던 것도 아니다. 위대한 금욕고행자들 주위에 몰려든 병자들에 대한 이야기가 없어도 이상한 일이 될 것이다. 그러나 『수도원 역사』에 수록된 소수의 병 고침의 사례를 살펴보면 원문에서 처음에 제시되었던 것과는 달리 요술사thaumaturge로서의 수도사라는 개념을 얻게 된다.

예를 들면 리코폴리스의 존을 방문한 수도사들 중 한 사람이 병이 들었는데, 리코폴리스의 존은 이 질병이 그 수도사에게 겸손과 인내의 덕들을 가르쳐 주는 유익한 질병이라고 말하면서 그의 병을 치료해 주지 않으려 했다고 한다.

코프레스는 자신을 병 고치는 사람으로 간주하는 주장에 반대하면서, 육신의 병을 고치는 것은 사소한 일이요 의사들도 할 수 있는 일이라고 말했다. 미혹되어 자신을 말이라고 생각한 소녀의 이야기가 있다. 그 이야기에서 마카리우스는 고립과 분리라는 심리학적 방법에 기도와 기름부음을 곁들여 적용했다. 흥미롭게도 루피누스의 번역본에서는, 마카리우스는 그녀가 말이라는 생각은 망상이며 실제로 그녀를 갈망하는 사람들이 만들어낸 심상(心象)이라고 말했다.

아모운이 사막에서 행한 병 고침에 대해서도 언급되어 있다. 그는 미친 개에게 물려 광견병에 걸린 어린 아이를 자기에게 데려 오라고 했다. 아모운은 아이의 부모에게 병의 치료법은 사회 안에서의 행동에 있다고 암시했다. "당신은 남 몰래 과부의 황소를 죽였습니다. 그 과부에게 황소를 보상하십시오. 그러면 아들은 건강해질 것입니다." 아모운은 이것을 아이의 병을 치료해 주는 근거로 삼지는 않았다. 다만 자신이 아이를 위해 기도하기 전에 반드시 행해야 할 조건으로 삼았다. 이와 같이 치유는 사회적인 맥락에서 이루어지는데, 아이의 건강 회복은 그 사회적 맥락의 일부분이라고 여겨진다.

사람들은 질병 때문에 어려움을 당하고 있는 사람을 치료하기 위해 성인 안에 있는 하나님의 능력에 호소했다. 그것은 하나님의 창조와 함께 새 아담이신 그리스도 안에서 구원을 받은 인간 본성 회복의 일부분이다. 인류는 그리스도 안에서 다시 완전하고 온전해진다.

이러한 낙원 회복이라는 주제는 네 번째 범주의 기적, 즉 "자연의 기적"에서도 나타나 있다. 이것은 사람들보다는 이 세상의 일들과 관련된 기적적인 행동들을 말한다. 이 부류의 기적 중에서 가장 감동적인 것은 수도사들과 동물들의 관계이다.

초자연적인 것을 당연시하는 세상— 『수도원 역사』에는 기독교화하기 이전 이집트 이교 신앙의 일부라고 간주한 동물 숭배에 대한 수도사들의 견해가 수록되어 있다—에서는 성인들은 능력의 중심이 되어 모든 육체적·정신적·사회적 곤경들이 바로 초자연적인 것과 관계를 맺는 곳이라고 보았다. 어디에서 신적 능력을 발견할 수 있는가, 어떻게 해야 그것을 발견할 수 있는가, 그것은 어떻게 작용할 것인가 등이 문제이다.

낙원의 상태란 첫 아담에게 있었고, 두 번째 아담이신 그리스도 안에서 순종함으로써 회복되어 모든 피조물과 조화를 이루게 된 상태를 말한다. 인간을 이러한 상태로 회복시켜 주는 데 큰 힘을 발휘하였고, 동료들에게까지 미칠 정도로 강력했던 성인들의 능력에 대한 이야기들이 있다. 베스가 하마와 악어에게 인간들과 평화로이 지내며 사람들의 땅을 파괴하지 말라고 말했다는 이야기가 있다. 테온Theon은 밤중에 사막으로 가서 영양과 노루와 들나귀에게 물을 주었다고 한다. 아모운은 두 마리의 뱀에게 자기의 수실을 지키라고 요청했고, 헬레는 나일 강을 건널 때 악어로 하여금 시중을 들게 했다. 가장 감동적인 이야기는 마카리우스의 이야기이다. 그는 눈을 다친 하이에나의 새끼들을 치료해 주고 그 보상으로 양가죽을 받았다. 이 양가죽은 나중에 멜라니아의 소유가 되었다.2)

이러한 이야기에서 강조하는 것은 동물들에 대한 감정적인 애착이 아니

---

2) *Lausiac History* c. XVIII.

라, 인간과 짐승들을 진정으로 통제하고 순종하게 할 수 있다는 점이다. 그러므로 아폴로의 제자 한 사람은 손으로 뱀들을 죽인 것을 자랑했고, 디디무스는 맨발로 전갈을 밟아 죽인 일로 인해 칭송을 받았으며, 아모운은 뱀에게 자신의 수실을 지키게 했지만, 인간의 생명을 위협하는 뱀들은 죽였다. 혹 어떤 사람들이 생각하기에는 고마움을 모르는 일이라고 생각되겠지만, 헬레는 나일 강을 건너기 위해 악어를 사용한 후에 그 악어를 죽이는 편이 낫다고 결정했다. 인간은 올바른 질서 안에서 다시 회복되고 창조된 세계와 하나가 되었으며, 그 질서 안에서 인간은 모든 것을 다스리는 면류관이 된다.

이 이야기들 중에는 아담이 낙원을 되찾았다는 이야기도 있다. 낙원의 양식을 먹고 하늘나라의 빛의 인도함을 받은 수도사들이 있다. 광야에서 금식하는 사람들에게는 하늘나라의 기적적인 양식인 거룩한 떡이 공급되었다고 한다. 엘리야와 비견하여 이야기하고 있다. 예를 들면 파테르무티우스에게 매주 신비한 떡 한 덩어리를 주었으며, 삼년 동안 천사가 오르$_{or}$에게 먹을 것을 주었으며, 아폴로에게는 부활절에 떡을 주었고, 헬레도 천사가 떡과 대추야자를 가져다주었다고 한다.

이러한 이야기들은 덕과 밀접하게 관련되어 있으므로, 수도사가 자기의 생활에 태만하게 되면 그와 동시에 하나님이 주시는 기적의 떡도 줄어들었다. 이 말은 금식이란 말씀을 묵상하고 기도하는 중에 인간에게 떼어 주시는 하나님의 말씀을 먹는다는 관념과 관계가 있는 구체적이고 생생한 이미지이다. 인간이 음식을 적게 먹을수록 아담이나 광야의 그리스도처럼 하나님의 말씀, 즉 하나님의 떡을 먹을 가능성이 많아진다는 것이다. 이와 비슷하게, 은수사들은 하나님을 관상할 때 "빛"을 받았다고 한다. 이것은 오리겐의 전통의 영향을 받은 이미지로서 『수도원 역사』에서 중요한 역할을 한다.

코프레스는 파테르무티우스에 대해 지극히 과장된 이야기들을 했다. 그는 자기의 행위들을 상대적으로 축소하기 위해 이러한 이야기들을 한 것이다. 예를 들면 태양이 멈추어 섰기 때문에 파테르무티우스가 낮에 목적지에 도착했다는 이야기는 전쟁 때 태양이 멈추어 섰다는 기드온의 이야기를 연상케 한다. 파테르무티우스에게 있어서 그것은 그의 평생 지속된 어두움의 마귀들과의 싸움을 나타내는 상징이었다. 이러한 이야기들은 무엇보다도 이러한 원문들 안에 어떤 심상들이 들어있는지 그 예를 보여주는 것이다. 이 문헌 전체에서 이미지와 실체의 관계를 단순히 문자적으로 해석해서는 안 된다.

마지막으로, 또 다른 기적은 은수사들을 통해서 죄인들에게 기적적으로 임한다고 하는 심판이다. 신령한 능력과 중재의 중심점에 있는 성인들의 기적이 갖는 상징적 의미에 대해서는 이미 논의한 바 있다. 『수도원 역사』에 수록된 기적적인 심판의 예들과 관련하여 두 가지를 말할 수 있다. 첫째, 누가 그렇게 연관시켰는가? 관찰자나 저자나 방문객일 수 있겠지만, 어쨌든 성인들 자신이 하지는 않았다. 한 예로 아폴로를 감옥에 가둔 수비대 대장의 집이 지진으로 말미암아 파괴되었다. 그러나 그 일은 아폴로의 위협이 있은 후에 일어난 것이 아니었다. 수비대 대장은 자신이 기독교인들을 거칠게 다룬 것과 관련한 심판이라고 보았다.

둘째로, 형벌들은 흔히 환상을 통한 이교도들의 회심과 관계가 있다. 아마도 회심을 확실히 하기 위한 일종의 영적 충격 요법을 제공한 듯하다. 아폴로가 본 우상을 사람들은 운반할 수 없었으며, 어느 성인의 집에 들어가 도둑질하려던 강도들이 움직일 수 없게 되었고, 또 어떤 도둑은 훔친 야채로 음식을 조리하려고 했으나 야채가 전혀 익지 않았다. 이러한 이야기들은 내적인 의지, 즉 행동력이 거룩한 것과의 접촉에 의해 저지되었음을 이야기한다. 이들 각각의 경우, 거룩한 것에 대한 새로운 경험을 함으로써 행동력과 생명이 회복된다.

　사막에서의 경이감이 이러한 기적 이야기들의 주요 특징이다. 저자는 자신이 독자들에게 기대하는 것 이상으로, 아마 자신의 글의 주인공에게 기대하는 것 이상으로, 자신이 그 내용들을 믿고 있다고 주장한다. 이런 기적 이야기들은 두 가지의 큰 주제, 즉 성인과 하늘의 능력이 결합함으로써 그들이 하나님과 인간을 연결시키는 통로가 된다는 것, 그리고 외면적인 능력의 행위는 중요치 않다는 것을 표현한다. 카시안의 말을 인용하자면, 그들의 근본적인 주제는 "기적을 행하는 것이 아니라 순결한 사랑"이었다.3) 수도사의 사역은 사랑의 열매를 맺게 되는데, 이것이 수도사들 및 수도사들을 방문하는 사람들의 관심사이다. 그들은 금욕주의의 문턱 너머에 있는 기도 체험에 대해서는 거의 아무 말도 하지 않았다. 아마 이러한 체험에 대한 유일한 암시는 바네피시스의 조셉의 이야기에서 발견할 수 있을 것이다.

　노인은 일어서서 하늘을 향해 두 팔을 폈다. 그의 손가락은 마치 열 개의 등불 같았다. 그는 "당신이 원하기만 하면 손가락 전체가 불꽃이 될 수 있습니다"라고 말했다.4)

　어두움이신 하나님에 대한 체험은 당연히 제외된다. 이 원문에 묘사된 것은 인간으로 하여금 어느 순간 한 장소에서 끊임없이 하나님을 향하며 오직 한 가지 일을 위해 그곳에 머물게 만드는 기본적인 생활 방법이다. 파코미우스의 말이라고 여겨지는 한 마디에 수도사들의 관심사가 나타나 있다. 그리고 장엄한 광경에 대해 그들은 관심을 보이지 않는다는 사실이다.

　만일 당신이 순결하고 겸손한 사람을 본다면, 그것이야말로 위대한 환상

---

3) Cassian, *Conferences* XV 2.
4) *Sayings of the Desert Fathers*, Joseph of Panephysis 7.

이다. 보이는 사람 안에서 보이지 않는 하나님을 보는 것보다 위대한 환상이 어디 있겠는가?5)

방문객들은 바로 이러한 "환상"을 보기 위해 이집트를 찾아왔으며, 그들은 그러한 "환상"만을 기록했다.

---

5) Sancti Pachomii Vitae Graecae, ed. *Halkin, Subsidia Hagiographica 19*, Brussels, 1932, Vita A, Cap. 48.

제2부

사막교부들의 삶

서언

1

"모든 사람이 구원을 받으며 진리를 아는 데 이르기를 원하시는" 하나님을 찬양하라(딤전 2:4). 하나님께서는 우리를 이집트로 인도하셔서 기억하고 기록해둘 가치가 있는 크고 놀라운 일들을 보게 해 주셨다. 하나님께서는 구원을 원하는 우리에게 구원의 기초[1]와 지식을 주셨다. 그분은 우리에게 선한 생활의 본보기를 주셨을 뿐만 아니라, 우리의 영혼을 자극하여 헌신하는 삶을 살도록 충분한 설명[2]도 해 주셨다. 하나님께서는 우리에게 덕의 길에 대한 고귀한 증언을 해 주셨다.[3]

---

[1] 그 기초(hupothesin)는 "지식"(gnōsin), 또는 지성에 의거한 직접적인 하나님 이해를 얻을 수 있게 하는 실천적인 생활 방법이다.

[2] 하나의 설명, 즉 방문을 받은 교부들의 교훈

[3] 덕의 길. politeia는 원래 한 국가의 시민이나 정부의 상태를 의미하는 말이었는데 공동생활이나 개인 생활을 막론하고 조직화된 생활방법을 의미하게 되었고, 수도사들의 생활을 지칭하는 전문 용어로 사용되었다(PGL s.v. F.3. c.ii and G를 보라). 나는 다른 곳에서는 그것을 "생활 방법" "삶의 규칙" "관례" "관습" "금욕적인 덕행" 등으로 번역했다. 인간을 육신의 욕구에서 해방시키는 politeia에 따라 사는 사람은 이 세상에서 천국 시민이 된다.

2

나는 그러한 일을 감당할 수 없다. 비천한 사람들이 그처럼 고귀한 주제들을 다룬다는 것은 적당치 못한 일이기 때문이다.4) 그들의 능력으로는 진리를 합당한 방법으로 설명하는 일을 감당할 수 없다. 특히 저술을 하거나 어려운 문제들을 표현하려 할 때 더욱 그러하다. 보잘 것 없는 우리가 이 지극히 고귀한 주제에 관해 글을 쓴다는 것은 주제넘은 일이며 위험한 일이다. 그럼에도 불구하고 거룩한 감람산5) 위에서 살고 있는 경건한 공동체6)의 거듭된 요청에 따라 내가 목격한 이집트 수도사들의 관습 및 그들의 열렬한 사랑과 위대한 금욕 수련 등에 관한 기사를 쓰게 되었다. 그리하여 나는 그들의 기도에 의지하면서 이 글을 썼다. 이 글을 쓰면서 수도사들의 생활 방법, 세상으로부터의 완전한 이탈, 침묵 생활7) 등 그들이 인내하며 덕을 실천함8)으로써 획

---

4) *topos*라는 단어는 서언과 전기 전체에서 발견된다. 이에 대해서는 Canivet, *Philotheos*, p. 156, n.6을 보라.

5) 감람산. 주후 380년경 루피누스는 이곳에, 멜라니아가 세운 수녀원과 나란히 남자들의 공동체를 세웠다.

6) *community*, 즉 형제애(*adelphotētos*). "형제"(brother)라는 단어는 흔히 "수도사"(monk)와 동의어로 사용되는데, 특히 공동체 안에 있는 수도사를 가리킨다. *koinobion*이라는 단어는 *HM*에서는 전혀 등장하지 않는다.

7) 정적(*hēsuchian*): 정념을 이기고 정복한 후에 따르는 내적 평온함과 침묵의 상태를 표현하는 전문 용어이다. 그것은 관상생활에 필요한 상태이다.

8) "덕을 세우는 것"(*tēs autōn ōpheleias*)에 대해서는 Festugière, *HM*(Fr), p.5, n.19를 보라. Canovet, *Philotheos*, p.147, n. 2도 참고하라. 나는 다른 곳에서는 *ōpheleias*를 "유익"이라고 번역하기도 했다. 수도사(*monachos*)라는 단어는 기이한 역사가 깃들어있다. 이교도 세계에서 *monos*와 *monachos*는 독신자, 독거자, 서로 떨어져 접촉하지 않는 것, 독특한 장르 등을 의미했다. 독신생활이라는 사상은 그 후 이 단어의 의미 발달에 강한 영향을 주었다. 그것은 기독교 문학에서는 아타나시우스와 가이사랴의 유세비우스의 글에 처음 등장하며, 반드시 사람들과 떨어져 지내지 않더라도 분명히 세상 것에 대한 애착에서 이탈하며 그리스도를 본받아 행하는 독거 생활을 의미했다. 그리하여 기독교에서는 *monachos*는 처음부터 엄격한 의미에서의 독수도자나 사람들과 함께 공동체 안에서 공주수도를 하는 사람들을 의미할 수 있었다.

득하여 죽을 때까지 소유했던 것들을 본받음으로써 나 역시 유익을 얻었다.

3

나는 인간이라는 그릇 안에 숨겨져 있는 하나님의 보화를 보았다.9) 나는 이것을 혼자 알고 있기를 원치 않았으며, 또 많은 사람들에게 유익을 줄 수 있는 일을 감추어 두는 일도 원하지 않았다. 나는 이렇게 하는 것, 즉 내가 획득한 것을 형제들과 함께 나누어 갖는 것이 결국은 나에게도 유익이 될 것이라고 생각했기 때문에 공동의 유익을 위해 나의 이익을 나누어 주기를 원했다. 왜냐하면 그렇게 되면 형제들이 나의 구원을 위해 기도해줄 것이기 때문이었다.

4

나는 이 저서를 우리 주 예수 그리스도의 강림10)에서부터 시작하며, 이집트 수도사들이 그리스도의 가르침에 의해 그들의 삶을 규제한다는 것을 강조한다.

보다 상세히 알려면, Franvçise E. Morard, 'Monachos, *Moine: Histoire du terme grec jusqu' au 4e siècle 'Freiburger Zeitschrift für Philosophie und Theologie* 20 (1973), pp.332-411을 보라.

9) 롬 9:23.
10) Festugière, *HM*(Fr), p.6, n. 275.

5

나는 이집트에서 많은 교부들이 거룩하신 우리 구세주를 본받으면서 꾸준히 전진하는 천사 같은 생활을 하는 것을 보았다. 감동적이고 놀라운 승리의 생활 방법에 의해서 하나님처럼 온전함을 이룬 새로운 선지자들을 보았다. 그들은 참 하나님의 종들이다. 그들은 세상의 일들을 하느라고 분주하지 않으며, 무상한 세상에 속한 것들을 중요하게 여기지 않는다. 그들은 세상에 살면서도 참된 천국 시민으로서 살아간다.

6

그들 중에는 심지어 세상에 다른 세상이 존재하고 있다는 것, 혹은 도시들에서 악이 발견된다는 것조차 알지 못하는 사람들도 있다. 전능하신 주님께서 하신 말, "주의 법을 사랑하는 자에게는 큰 평안이 있으니"라는 말은 그들에게 적용되는 말이다(시 119:165). 그들 중 많은 사람들은 이 세상에서 벌어지는 일들에 대한 소식을 들을 때 크게 놀란다. 왜냐하면 그들은 세상의 일들을 완전히 망각했었기 때문이다.

7

우리는 그들이 사막에 흩어져 살면서 아들이 아버지를 기다리듯이, 또는 군대가 황제를 기다리듯이, 아니면 충실한 하인들이 그 주인을 기다리듯이 그리스도를 기다리는 것을 볼 수 있다. 그들에게는 근심이 없으며, 음식과 의복

에 대한 걱정이 없다. 그들은 다만 찬송하면서 그리스도께서 오시기만 기다린다.11)

8

그들은 자기에게 무엇인가 필수품이 부족하게 되면, 그것을 확보하기 위해 도시나 마을, 혹은 친구나 형제나 친척이나 부모나 자녀나 가족에게 가지 않는다. 왜냐하면 주님의 뜻만으로 충분하기 때문이다. 그가 하나님께 팔을 펴고 간구하며 감사 기도를 드릴 때, 이 모든 것들이 기적적인 방법으로 그를 위해 공급된다.

9

그리스도에 대한 그들의 신앙이 산을 움직일 수도 있다는 것을 알고 있는데, 구태여 그들의 신앙에 대해 길게 말할 필요가 있는가? 그들 중 많은 사람들은 강물의 흐름을 멈추게 했으며, 발을 적시지 않은 채 나일 강을 건넜다. 그들은 거룩한 선지자들과 사도들이 행했던 것처럼 사나운 들짐승들을 죽였으며, 병을 낫게 하고, 기적과 기사를 행했다. 구세주께서는 그들을 통해서도 기적을 행하신다. 실제로 그곳에 사는 사람들은 그들로 말미암아 세상이 계속 존속한다는 것, 그리고 하나님께서는 그들로 말미암아 인간 생활을 보존하고 존귀하게 여기신다는 것을 분명히 안다.12)

---

11) 아마도 시편을 노래할 것이다. "찬송"이란 시나 시편을 언급하는 일반적 용어이다.
12) 나일 계곡에서 생활하는 이 수도사들의 집단은 니트리아의 수도사들과 구분된다.

10

나는 사막이나 시골에서 여러 연령층의 수도사들로 구성된 수도사들의 큰 공동체를 보았다.13) 그들은 너무 많아 수를 셀 수 없었다. 세상의 어느 황제도 그만한 군대를 거느릴 수 없었을 것이다. 이집트와 테베의 모든 도시와 마을들은 마치 성벽에 둘러싸이듯이 은수사들의 거처들로 둘러싸여 있었다.14) 그리고 사람들은 마치 하나님을 의지하듯이 이들 수도사들의 기도에 의지하고 있었다. 어떤 수도사들은 사막의 동굴 속에서 살고, 어떤 사람들은 보다 깊은 곳에 들어가서 살았다.15)

11

그들은 모두 어느 곳에서든지 금욕 훈련에 있어서 다른 수도사들을 앞서려고 노력했다. 깊은 곳에 들어가 생활하는 사람들은 다른 사람이 자신을 앞지를까 염려하여 금욕의 실천에 매우 노력을 기울였다.16) 도시나 마을 가까이에서 수도하는 사람들은 사방에서 악의 괴롭힘을 당하면서도 깊은 사막에

---

13) 도시나 마을 인근에 있는 경작지로서 도시에 필요한 것들을 공급하는 곳을 시골이라고 하며, 사막이란 목초지에서부터 모래나 돌만 있는 황무지까지 포함하여 사람들이 살지 않는 곳을 가리킨다.

14) 은거지(hermitages; *monastēriois*)의 원래 의미는 독수도하는 사람의 거처이다. 이 단어는 처음 필로에 의해 마에로티스 해안에 있는 테라퓨테파의 은거지들을 묘사하는 데 사용되었다(*On Contemplative Life* III). 이 단어는 성 아타나시우스(*Life of St. Anthony*)에 의해 기독교 문헌에 도입되었다. 아타나시우스는 이 단어를 수도사들의 공동체 거주지에 적용했다.

15) 사막 동굴들은 나일 계곡 근처에 있는 외부 사막에 있다.

16) 수도사들이 경쟁적으로 금욕 수련을 행한 것에 대해서 알려면, *HM* XI; Festugière, *HM*(Fr), pp. 78, 90-91을 보라.

서 수도하는 사람들보다 열등하다는 평을 받지 않기 위해 노력했다.

12

나는 이들 수도사들에게서 많은 유익을 얻었으므로, 완전한 자들을 위한 증언과 모범을 제공하기 위해, 그리고 금욕 수도생활을 처음 시작한 사람들에게 도움을 주기 위해서 이 책을 집필하기 시작했다.17)

13

만일 하나님께서 원하시는 일이라면, 나는 거룩한 교부들의 생활 방법을 묘사하는 일에서부터 시작하여, 구세주께서는 그들을 통해서 과거에 선지자들과 사도들을 통해서 행하셨던 일들을 지금도 행하고 계신다는 것을 보여주려 한다. 어제나 오늘이나 영원토록 동일하신 주님은 모든 사람들 안에서 모든 일을 행하신다(히 13:8; 고전 12:6 참조).

---

17) Cf. *Rule of St. Benedict*, cap. 73, 'this little Rule for beginners.'

리코폴리스의 존

1

테베1)의 리코(Lyco2))라는 지역에서 우리는 위대하고 복 받은 사람 존3)을 방문했다. 그는 진정으로 거룩하고 덕 있는 인물이었다. 그의 행동으로 볼 때, 그는 투시의 은사가 있음이 분명했다. 그는 경건한 황제 테오도시우스4)에게 장차 하나님께서 세상에서 일으키실 모든 일을 예고해 주었을 뿐만 아니라, 그 결과도 지적해 주었으며, 폭군들5)이 그를 대항하여 반역을 일으켰다가 속히 멸망하게 될 것, 그리고 제국을 공격한 야만족들이 멸망할 것도 예언했다.

---

1) 리코폴리스. 오늘날 나일 강 서편 상부 이집트에 있는 *Asyût*.
2) 테베(Thebaid): 이집트 중앙의 행정지역이요 주교관구이다.
3) 리코폴리스의 존에 대해 다룬 고대 작가들은 다음과 같다. Palladius, *Lausiac History* c. XXXV; Cassian, *Institutes* IV 23-6, *Conferences* I, 21, 24, 26; Augustine, *De cura pro mortuis gerenda* 17, De Civitate Dei V 26, *Apophthegmata Patrum, Alphabetical series*, 'John of Lycopolis.'
4) 테오도시우스는 370-382년까지 고트족을 대적하여 전쟁을 벌였다.
5) 테오도시우스는 388년에 막시무스를 공격하여 그를 사로잡았다.

2

어느 장군6)에 대해서도 비슷한 이야기가 전해진다. 그는 자신이 이집트인들7)을 정복할 수 있을 것인지를 알아보기 위해 존을 만나러 갔다. 당시 이집트인들은 테베 지방의 변경인 시에네(syene8))를 공격하여 그 인근 지방을 황폐하게 만들고 있었다. 존은 그 장군에게 말했다. "만일 당신이 진군하여 그들을 대적한다면, 기습 공격하여 그들을 패배시키고 정복할 것이며, 그리하여 당신은 황제들의 총애를 받게 될 것입니다." 실제로 존이 예고했던 대로 되었다. 그는 "가장 신실한 기독교인 황제 테오도시우스는 자연사할 것이다"라고 예언하기도 했다.9)

3

이 교부가 실제로 특별한 은사, 혹은 투시의 은사를 가지고 있었다는 사실은, 그와 가까운 곳에 살면서 그 지역 모든 주민들로부터 칭송받았던 교부들에 의해 확인된다. 그들이 존에 대해서 한 말은 결코 그의 명성을 높이기 위해 과장한 것이 아니었다.

---

6) 여기에서는 테베에 대한 침입을 격퇴하는 임무를 받은 지방 사령관을 말한다.
7) 이티오피아 사람이란 흑인을 지칭하는 일반적 용어이다. 여기에서는 아마도 이집트를 자주 침략했던 누비아 족속을 의미하는 듯하다.
8) 시에네(아스완)는 테베 지방의 국경 지역을 위한 군사 기지로서 폭포 옆에 있다.
9) 테오도시우스 1세는 395년 1월 16일에 사망했다(Socrates, *HE* 25).

4

한 호민관의 아내가 존을 만나기를 간절히 원했다. 그녀는 시에네로 여행하려 하고 있었는데, 이 여행이 복된 여행이 될 수 있도록 존에게서 중보기도를 받고 싶었던 것이다. 호민관은 존에게 아내의 방문을 허락해 달라고 간청했다. 그러나 90세인 이 교부는 동굴 속에서 40년을 보내면서 한 번도 동굴 밖으로 나가거나 여인이 동굴 안에 들어오는 것을 허락한 적이 없었으므로, 호민관의 아내 만나기를 거절했다.

5

사실 남자 방문객들조차 그의 동굴에 들어가 본 적이 없었다. 그는 창문을 통해서 사람들을 축복해 주고 자기의 개인적인 일들에 대해 방문객들과 이야기하곤 했다.

6

존은 도시에서 약 5마일 거리에 있는 단층애(斷層崖)[10]에서 살고 있었다. 호민

---

[10] 이집트어로 oros에는 "산"이라는 의미와 "사막"이라는 의미가 있다. 이집트의 사막은 나일 강의 평평한 계곡을 내려다보는 단층애에서 갑자기 끝난다. 그러므로 oros는 높은 곳이 아니더라도 개간되지 않은 메마른 땅이다. oros의 의미를 다섯 가지로 구분할 수 있다. ①광활한 사막. 흔히 깊은 사막이라고도 한다. ② 단층애 지역. 가까운 사막이라고도 한다. ③ 충적 평야와 단층애 사이에 있는 땅. 이것은 경작된 땅의 끝이며, 많은 이집트 수도원들은 이곳에 위치한다. 여기에서 두 가지 종교적 의미가 파생된다. ① 수도원, ② 수도원들이 집중되어 있는 지역. H. Cadell & R. Réondon, 'Sens et emplois de to oros dans les documents papyrologiques', *Revue des Etudes*

관은 사람을 보내 자기 아내를 그곳으로 오게 하겠다고 고집을 부렸다. 그러나 존은 호민관의 의견에 동의하지 않았다. 그는 절대로 그녀의 방문은 허락하지 않겠다고 말했으므로 호민관은 풀이 죽어서 돌아갔다. 그럼에도 불구하고 그의 아내는 그 선지자를 만나지 않고서는 절대로 여행을 떠나지 않겠다고 맹세하면서 날마다 그를 졸랐다.

7

호민관은 아내가 맹세한 내용을 존에게 알려 주었다. 그녀의 신앙이 어떠한지를 알아챈 존은 호민관에게 말했다. "오늘밤 꿈에서 내가 그녀에게 나타날 것입니다. 그런 후에도 실제로 내 얼굴을 보겠다고 작정해서는 안 됩니다." 호민관은 교부의 말을 아내에게 전했다.

8

실제로 여인은 꿈 속에서 존이 자기에게로 오는 것을 보았다. 존은 그녀에게 "여자여, 나와 무슨 상관이 있습니까(요 2:4)? 어찌하여 당신은 내 얼굴을 보기를 원했습니까? 내가 선지자입니까, 아니면 의인들의 반열에 서 있습니까? 나도 당신과 같은 정욕을 지닌 죄악된 인간입니다(행 14:15 참조). 나는 당신이 신앙에 따라 평화로이 여행하게 해 달라고 당신을 위해서, 그리고 당신의 가족들을 위해서 기도했습니다"라고 말하고 그는 사라졌다.

Grecques 80(1967) pp. 343-9.

9

꿈에서 깨어난 여인은 남편에게 꿈속에서 선지자가 한 말, 그리고 그의 모습에 대해 말해 주었다. 그리고 그녀는 남편을 통해 존에게 감사의 소식을 전했다. 복된 존은 호민관을 보자 그가 어떤 소식을 가져왔는지 예측하고 이렇게 말했다. "보십시오. 나는 당신의 요구를 들어 주었습니다. 나는 꿈속에서 그녀를 만났을 때, 이제 더 이상 나를 만나기를 원하지 않고서도 평화로이 여행을 할 수 있는 확신을 주었습니다."

10

어느 고위 관리의 아내가 아이를 출산하게 되었다. 남편이 집을 떠나 있으면서 마침 교부 존과 이야기를 하던 바로 그날, 그녀는 아이를 낳았는데, 의식을 잃고 사경을 헤맸다. 성인은 남편에게 이 사실을 알려 주면서 이렇게 말했다. "당신이 만일 하나님의 선물을 알았더면(요4:10), 다시 말해서 오늘 당신에게 아들이 생겼다는 것을 알았다면, 당신은 하나님께 영광을 돌렸을 것이오. 그러나 아기의 어머니는 거의 죽을 지경에 있소. 당신은 아기가 탄생한 지 7일째 되는 날에 집에 도착하여 아이의 이름을 존이라고 지을 것이오, 그 아이를 하나님의 지식 안에서 양육하시오.[11] 그리고 그 아이가 7살이 되면 그를 사막에 있는 수도사들에게 보내시오."

---

[11] 신지식(*kat'epistēmēn*). 이것은 관상을 통해 임하는 하나님에 대한 직접적인 지식인 *gnōsis* 가 아니며, 하나님에 대한 성경적 지식으로서 지혜와 같은 것이다. 그것은 학습에 의해 획득된다.

11

위의 이야기들은 팔레스틴 방문객들이 방문하기 전에 존이 행한 기적들이다. 그는 필요에 따라 자기를 만나러 오곤 하는 고향 사람들의 장래에 있을 일들을 예지하고 그들에게 계시해 주었다. 그는 각 사람이 은밀하게 행한 일들을 지적했고, 나일 강2)이 범람할 때와 줄어들 때, 그리고 일 년의 곡식 수확량 등을 예고했다. 또 그들에게 신의 심판이 임하려 할 때 그것을 예고해 주고, 그 심판이 누구 때문인지도 알려주었다.

12

복된 존은 공개적으로 병 고치는 일을 행하지는 않았다. 그는 흔히 고통을 당하고 있는 사람들에게 기름을 주어 바르게 함으로써 그들을 치료했다. 어느 원로원 의원의 아내가 백내장으로 장님이 되었다. 그 여인은 남편에게 자기를 거룩한 존에게 데려다 달라고 요청했다. 남편은 존이 이제까지 한 번도 여인을 만나 이야기한 적이 없다고 말해 주었다. 그러자 아내는 존에게 자기에 대한 이야기를 해 주고 자기를 위해 기도를 요청해 달라고 애원했다. 존은 그녀의 말대로 해 주었고, 약간의 기름을 그녀에게 보내 주었다. 그녀가 그 기름으로 세 번 눈을 씻었는데, 사흘째 되는 날 그녀는 시력을 회복했다. 그녀는 하나님께 감사를 드렸다.

---

12) 나일 강은 8월부터 11월 사이에 범람한다.

13

이 성인이 행한 일에 대해서 우리가 직접 목격한 것을 이야기하는 것이 좋겠다. 우리 7명의 팔레스틴 형제들은 그를 만나러 갔다. 그는 우리 각 사람을 한 사람씩 얼싸안고 미소를 지으며 반겨주었다. 우리는 그에게 우리를 위해 기도해 달라고 청했다. 이것이 이집트 교부들의 관습이기 때문이다.

14

그런데 그는 우리 일행 중에 성직자가 있느냐고 물었다. 우리는 없다고 대답했다. 그는 우리 모두를 차례로 바라보더니 누가 성직자인지를 알아냈다. 사실 우리 중에 한 사람은 과거에 집사였다. 형제들 중 단 한 사람만이 그 사실을 알고 있었는데, 그는 겸손이 너무 지나쳐서 집사의 직분은 말할 것도 없고 기독교인이라고 불릴 가치도 없다고 생각했다. 그리고 자기가 집사였음을 아는 형제에게 이 사실을 아무에게도 말하지 말라고 부탁했던 것이다. 그런데 성인은 이 사람을 가리키면서 "당신은 집사입니다"라고 말했다.

15

그런데도 그 형제는 계속해서 자신이 집사라는 것을 감추며 부인했다. 성인은 창문 밖으로 손을 내밀어 그의 손을 잡고 입을 맞추고서 이렇게 권면했다. "나의 자녀여, 하나님의 은혜를 멸시하지 말며, 거짓말을 함으로써 그리스도의 선물을 부인하지 마시오. 선한 거짓말이든 악한 거짓말이든 거짓말은 옳지 않은 것입니다. 선을 얻기 위해서라도 거짓말을 하는 것은 칭찬할 일이 못됩니다. 구세주께서는 거짓말은 악에서 나온다고 말씀하셨습니다." 그 형제는 자신이 잘못했음을 인정하여 조용히 존의 온건한 책망을 받아들였다.

16

그런 후에 우리는 함께 기도했다. 기도를 마친 후, 우리 중에 사흘 전부터 열병으로 고생해오던 형제가 그에게 자신의 병을 낫게 해 달라고 청했다. 그런데 그 교부는 현재의 고통은 그의 신앙의 연약함 때문에 임한 것인데 결국 그에게 유익이 될 것이라고 말해 주었다. 그는 그 형제에게 약간의 기름을 주면서 그 기름을 바르라고 했다. 교부의 말대로 하자 그는 그의 위 속에 있던 것들을 모조리 토해내었고, 열이 내렸다. 그는 다른 사람의 부축을 받지 않고 혼자서 손님용 수실로 걸어갔다.

17

이 성인은 이미 나이가 90세가 되었으며, 금욕고행13)으로 인해 그의 육신은

---

13) *ascesis*. 표준 그리스어로 *askēseis*는 운동선수와 군인들의 훈련을 말한다. *ascetic*은 훈련을 받은 숙련된 군인이나 운동선수를 의미했다. 그 단어의 도덕적 의미의 발달은 덕스러운 인간에게도 적용되게 되었다. *ascesis*는 필로로 말미암아 교부들이 사용하는 언어가 되었다. 알렉산드리아의 클레멘트는 필로를 모방하여 야곱의 씨름을 기독교적 *askēseis*의 전형으로 보았다(*Paed.* I, 7; *PG* 8, 17). 오리겐은 완전한 삶을 살기로 서약하는 사람들을 *askētai*라고 칭했다. 수도적 의미로는 절제, 금식, 기도 등의 특별 훈련에 의해 정욕에서 자신을 해방시키려고 노력하는 것을 의미한다. M.

완전히 쇠잔해져 있었다. 이제는 그의 턱수염도 더 이상 자라지 않았다. 그는 금욕적인 생활로 단련되어 있었으므로 그렇게도 늙었는데도 일몰 후에 과일만 먹고 살았다. 그는 한 번도 빵을 먹지 않았고 조리한 음식은 절대 먹지 않았다.

18

그는 우리에게 앉으라고 권했다. 우리는 그를 만나게 해 주신 하나님께 감사했다. 그는 마치 여행을 떠났다가 오랜만에 돌아온 사랑하는 자녀를 맞이하듯이 우리를 맞아준 후에 미소를 지으며 얼굴로 말했다. "자녀들이여, 당신들은 어디에서 왔습니까? 도대체 어느 나라에서 이렇게 보잘 것 없는 사람[4])을 방문하러 왔습니까?

19

우리는 우리가 어느 나라 사람인지를 말하고서, 이렇게 덧붙여 말했다. "우리는 영혼의 유익을 위해 예루살렘에서 당신을 찾아 왔습니다. 이제까지 우리가 귀로 들은 소문들을 눈으로 보기 위해서 왔습니다.[15]) 백 번 듣는 것보다 한 번 보는 것이 더 낫기 때문이지요. 귀로 들은 것은 금방 잊어버리지

Viller and M. Olphe-Galliard, "Ascèse, Ascéticisme' *DS* I 938-77을 보라.
14) a poor man. "겸손한 사람"을 의미한다.
15) 여기에서 존이 유대교 지도자들의 위선에 대해 경고한다고 볼 수도 있으나, 합당치 못한 동기에서 사제직을 목표로 하는 것에 대해 경고한다고 보는 것이 더 바람직하다.

만, 눈으로 본 것은 쉽게 지워지지 않고 마치 그림16)처럼 우리의 정신에 새겨지기 때문입니다."

20

복된 존은 대답했다. "사랑하는 자녀들이여, 그래 어떤 놀라운 것을 발견하기를 기대했기에, 볼 만한 것이나 칭찬할 만한 것을 전혀 소유하지 못한 가난하고 무식한 사람을 방문하기 위해 그처럼 큰 수고를 하면서 오랜 여행을 시작했습니까? 사방에 칭찬과 경탄을 받을 자격이 있는 사람들, 즉 하나님의 선지자들과 사도들이 있습니다. 교회 안에서는 그들의 기사가 낭독됩니다. 당신들은 그분들을 본받아야 합니다."

21

그는 또 말했다. "덕을 배우기 위해 많은 위험을 무릅쓰고 우리를 찾아온 당신들의 열심은 참으로 놀랍습니다. 그런데 우리는 게으르게도 동굴에서 나가려고도 하지 않습니다."

22

---

16) a picture(*historia*). 히스토리아는 주로 조사(investigation), 이야기(narrative)라는 의미로 사용되었다. 수도원 문서에 이 말이 "a picture", 또는 "representation"이라는 의미로 사용되고 있다. 앞의 문장으로 봐서 "하나님을 봄"이라고 의역할 수 있다.

"여러분들이 시작한 일은 칭찬을 받을 만하지만, 무엇인가 선한 것을 성취했다고 해서 그것으로 충분하다고 생각하지 마십시오. 교부들이 실천하고 있는 덕들을 본받으십시오. 혹시 여러분이 그 모든 것을 성취했다고 해도, 그렇다고 해서 자기 자신을 신뢰하지는 마십시오. 이 길에 대해 확신을 갖고 있었으며 덕의 정상에 접근했던 사람들 중에서 결국 그러한 위치에서 떨어진 사람들도 있습니다."

23

"기도를 제대로 드리십시오. 당신의 순결한 지혜가 훼손되지 않게 하시고, 하나님 앞에서 기도할 때 정신이 산만해지지 않게 하십시오. 성가신 생각이 당신의 정신을 유혹하여 다른 것을 생각하게 하며, 추잡한 이미지들을 연상하여 정신이 산만해지지 않도록 하십시오."

24

"하나님의 진리에 따라 세상을 부인하도록 하십시오. 우리의 자유를 엿보려고(갈2:4) 이곳에 온 것이 되어서는 안 됩니다. 자기 재주를 사람들 앞에 나타내 보이는 사람들처럼 우리의 행위를 본받는 자로 보이려는 허영심 때문에 우리의 덕을 추구해서는 안 됩니다."

25

"기도할 때 정욕,17) 인간적 영예나 영광이나 칭찬, 또는 제사장의 덕을 흉내 내는 것, 이기심, 자신이 의롭다는 생각이나 의에 대해 자랑하는 것, 친척들 중 어떤 사람을 생각하는 것, 또는 행복했던 일을 회상하는 것이나 세상 자체를 기억하는 것 등으로 인해 방해를 받지 않도록 하십시오. 그렇지 않으면 주님과 대화할 때 그에 반대되는 생각들의 유혹을 받게 되며, 그렇게 기도 전체가 무의미한 것이 됩니다."

26

"세상을 완전하고 철저하게 부인하지 않은 채 세상을 따라가는 사람은 영적으로 불안정한 사람입니다. 그는 육체적인 일과 세상적인 일에 사로잡혀 있기 때문에, 무슨 일을 하든지 정신이 산만해집니다. 그리고 정욕에 대항한 싸움에 몰두해 있으면서도 그는 하나님을 보지 못합니다. 그러나 우리는 이러한 지식을 너무 깊이 탐구하려 해서는 안 됩니다. 혹시 자격이 없는 사람이 이러한 지식의 일부를 받게 되면, 그는 자신이 그 지식 전체를 이해한다고 생각하고서 영원한 멸망으로 떨어질까 두렵습니다."

---

17) 정욕(*pathos*). 정욕이란 원래는 쾌락이나 고통의 감정을 일으키는 영혼의 움직임을 의미했다. 3세기에 이 단어가 기독교 저서에서 사용되면서 특히 영혼의 욕망에 있어서 무질서한 충동으로서 지적인 면에 의해서 억제 되어야 할 충동들을 지칭하게 되었다. 이러한 충동들을 좇는 사람은 죄에게 몸을 맡기게 된다. *HM*에서는 이러한 욕망들은 영혼 안에 마귀들을 위한 디딤돌을 제공한다. 정욕과의 싸움의 목표인 *apatheia*, 즉 정욕을 완전히 벗어버려 더 이상 죄를 향한 충동에 시달리지 않게 되면 하나님에 대한 직접적인 지식에 이를 수 있다. *apatheia*에 대한 가장 훌륭한 현대의 기사를 보려면, T. Spidlík, *La spiritualité de l'orient chrétien*, OCA 206, Rome, 1978, pp. 261-70을 보라.

27

"우리는 항상 적절하고 경건한 방법으로 하나님께 나아가며 자신의 능력에 따라 인간에게 허용된 범위 안에서 영적으로 진보해 나가야 합니다. 하나님을 찾는 사람들의 의지는 다른 모든 관심사에서 벗어나야 합니다. 성서는 '너희는 가만히 있어 내가 하나님 됨을 알지어다'(시 46:10)라고 말합니다."

28

"인간은 누구도 하나님에 대해 완전한 지식을 소유할 수 없으며, 하나님에 대해 부분적으로 알기만 해도 다른 모든 것들에 대한 지식을 얻게 됩니다. 그는 신비한 것들을 봅니다. 왜냐하면 하나님께서 보여 주시기 때문입니다. 그는 과거의 성인들처럼 장래의 일들을 보며, 계시를 보며, 놀라운 일들을 행하며, 하나님의 친구가 되며, 무엇이든지 하나님께 구하기만 하면 그것을 얻습니다."

29

그 성인은 금욕 수련에 대해 그 밖에도 많은 것을 가르쳐 주었는데, 그 중에는 이런 것들도 포함되어 있었다. "인간은 죽음을 행복한 생활로의 이전(移轉)으로 알고 기다려야 합니다. 또 제대로 된 식사를 배불리 먹어서도 안 됩니다. 왜냐하면 배부른 사람은 사치하게 사는 사람들과 동일한 유혹을 받기 때문입니다. 그러므로 금욕 수련을 통해서 식욕에서 해방되도록 노력해야 합니다. 자신의 안일함을 버리고, 강건해지려고 노력하며, 그리스도의 나라를 기업으로 받기 위해서 고통을 참아 내야 합니다."

30

"성경은 '멸망으로 인도하는 문은 크고 그 길이 넓어 그리로 들어가는 자가 많고 생명으로 인도하는 문은 좁고 길이 협착하여 찾는 이가 적음이니라'(마 7:13, 14)고 말합니다. 그렇기 때문에 우리가 하나님의 나라에 들어가려면 많은 환난을 겪어야 합니다(행 14:22). 잠시 후에 영원한 안식에 들어갈 것을 안다면 우리가 어찌 두려워할 수 있겠습니까?"

31

"인간은 자신이 성취한 것으로 인해 자만하지 말고 항상 겸손해야 합니다. 그리고 자신이 교만해지고 있다는 것을 깨닫게 되면 깊은 사막 속으로 들어가야 합니다. 마을 가까이에 살게 되면 비록 완전한 사람일지라도 종종 해를 입기 때문입니다. 그렇기 때문에 다윗도 그와 유사한 체험을 한 후에 '내가 멀리 날아가서 광야에 거하리로다 내가 피난처에 속히 가서 폭풍과 광풍을 피하리라'(시 55:7, 8)고 말했습니다. 우리 형제들 중에 많은 사람들이 그와 비슷한 체험을 했으며, 오만함 때문에 자신이 설정한 목표에 도달하지 못했습니다."

32

존은 다시 예를 들어 설명해 주었습니다. "사막 깊은 곳에 있는 동굴 속에 살면서 강도 높은 금욕 훈련을 행한 수도사가 있었습니다. 그는 직접 일함으로써 일용할 양식을 얻었습니다. 그는 계속 기도하여 완전한 덕에 거의 이르게 되었는데, 불행히도 자신을 신뢰하여 자신이 행하는 선한 생활 방법에 의지하였습니다."

33

"그 때 과거 욥에게 그랬던 것처럼, 미혹자가 저녁 무렵에 사막에서 길을 잃은 아름다운 여인의 모습을 하고 나타났습니다. 그 여인은 문이 열려 있는 것을 보고서 동굴 속으로 뛰어 들어와 그의 앞에 엎드리더니, 날이 저물었으니 하룻밤만 지내게 해 달라고 애원했습니다. 그는 절대로 하지 말아야 하는 일을 했습니다. 그 여인을 불쌍히 여겨 자기의 동굴에서 묵게 했던 것입니다. 그리고는 여인에게 그녀의 여행에 대해 질문도 했습니다. 그녀는 자신이 어떻게 길을 잃게 되었는지를 말해 주면서, 그의 마음에 아첨과 기만의 말들을 심었습니다. 그녀는 얼마 동안 그에게 계속 말을 걸더니 은근히 그를 유혹했습니다. 그들은 유쾌하게 웃으면서 거리낌 없이 대화를 했습니다."

34

"그녀는 한참 이야기를 하면서 그를 유혹하더니, 그의 손과 턱수염과 목을 더듬기 시작했습니다. 결국 그녀는 이 금욕수행자를 자신의 포로로 만들었습니다. 이미 그 수행자의 마음에 악한 생각이 뿌리를 내렸으므로, 그는 자신이 이미 그런 일을 초월했으며 자기에게는 쾌락을 추구할 자유와 기회가 있다고 생각했습니다. 그리하여 그는 내심 그녀와 성적으로 결합하는 일에 동의했고, 실제로 그렇게 행하려 했습니다. 이제 그는 암말과 교미하려는 씨말처럼 흥분했습니다."

35

"그런데 그녀는 갑자기 커다란 소리를 지르면서 마치 그림자처럼 그의 품에서 사라졌습니다. 사방에 웃음소리가 메아리쳤습니다. 그것은 그를 유혹하여 실족케 했던 악마들이 큰 소리로 '무릇 자기를 높이는 자는 낮아지리라'(눅 14:11; 18:14)고 외치는 소리였습니다."

36

"아침이 되었습니다. 어젯밤에 있었던 불행한 일이 그의 뇌리에서 떠나지 않았습니다. 그는 종일 탄식하면서, 자신이 구원 받지 못할 것이라고 절망했습니다. 그리하여 그는 결국 세상으로 돌아가고 말았습니다. 악한 자는 일반적으로 이런 식으로 일합니다. 그에게 정복된 사람은 판단력을 상실하기 때문에 결국 다시 일어설 수 없게 됩니다. 자녀들이여, 그렇기 때문에 우리는 사람들이 사는 곳 가까이에 거처를 두거나 여인들과 교제하는 데에는 관심을 갖지 않습니다. 왜냐하면 이런 종류의 만남에서 생기는 기억은 결코 지워지지 않기 때문입니다. 이런 기억은 우리가 대화중에 들은 것이나 본 것을 기초로 하여 생겨나는 것입니다. 그리고 우리는 결코 자신의 구원에 대해 절망하고 낙심해서는 안 됩니다. 지금도 절망하고 있는 많은 사람들에게 하나님은 사랑을 베풀고 계십니다. 하나님은 영원토록 자비하신 분이시기 때문입니다."

37

"예를 들어 봅시다. 어느 도시에 많은 악행을 하고 중한 죄를 지은 청년이 있었습니다. 그런데 하나님의 섭리로 말미암아 이 청년이 자신이 지은 많은 죄에 대해 양심의 가책을 느끼게 되었습니다. 그는 즉시 공동묘지로 가서, 자기의 과거 생활에 대해 비통한 마음으로 탄식했습니다. 그는 땅에 머리를 대고 엎드려 있었는데, 감히 하나님의 이름을 부르지도 못했습니다. 그는 자신이 목숨을 부지할 가치도 없는 사람이라고 생각했던 것입니다. 무덤들 사이에서 자신의 생명을 무가치한 것으로 여기면서18) 그가 행한 일이라고는, 오직 무덤 속에 누워서 마음 깊은 곳으로부터 신음한 것뿐이었습니다."

38

"일주일이 지났습니다. 과거에 그의 생활에 큰 해를 끼쳤던 악마들 중 일부

---

18) 이교도 고행자들은 무덤 속에서 사는 관습이 있었는데, 기독교 수도사들이 이것을 따라했다. 무덤도 사막과 마찬가지로 귀신들이 거하는 곳이요, 따라서 귀신들과 싸우기를 원하는 금욕 수행자들은 무덤을 찾아갔다.

가 밤에 나타나서 소리쳤습니다. '그 가증스러운 녀석이 어디에 있지? 이제 그는 자신의 방탕함에 싫증이 나니 갑자기 정숙하고 선한 사람이 되었군. 더 이상 그러한 일을 행할 수 없게 되었기 때문에 기독교인이 되어 정결한 생활을 하기를 원하는구나. 그러나 그에게는 우리의 악이 가득 차 있는데, 어찌 선한 것을 얻기를 기대할 수 있겠느냐?'"

39

"'당장 일어나 이곳을 떠나지 않겠느냐? 우리와 함께 과거에 항상 다니던 곳으로 돌아가지 않겠느냐? 창녀들과 술집 주인들이 너를 기다리고 있다. 이제 다른 소망은 모두 쓸모가 없게 되었으니 네가 갈망하는 것에 몰두하지 않으려느냐? 만일 네가 이런 식으로 자신을 파괴한다면 반드시 심판이 임할 것이다. 이 불쌍한 사람아, 너는 어찌하여 형벌을 향해 서둘러 가려고 하느냐? 왜 너의 정죄가 빨리 임하게 하려고 그처럼 열심히 노력하느냐?' 그들은 그 밖에도 많은 말을 했다. 예를 들면 '너는 우리 것이다. 너는 우리에게 예속되어 있다. 너는 갖은 죄를 범했다. 너는 우리의 종이다. 그런데 감히 우리에게서 도망치려느냐? 왜 대답을 하지 않느냐? 우리말에 동의하지 않느냐? 우리와 함께 떠나지 않으려느냐?'고 말했습니다."

40

"그러나 그는 계속 탄식하면서 그들의 말을 듣지도 않고 한 마디 대답도 하지 않았습니다. 마귀들은 한참 동안 그와 함께 머물러 있었습니다. 악마들은 거듭 같은 말을 되풀이했지만 아무런 소득을 얻지 못하자 그의 온몸을 붙잡고 괴롭혔습니다. 악마들은 그를 잔인하게 괴롭히고 상하게 하여 거의 죽을 지경으로 만들어 놓고 떠났습니다."

41

"그는 의식을 회복했지만 움직이지도 않고 다시 탄식하면서 그대로 그곳에 누워 있었습니다. 그 동안 계속 그를 찾아다니던 그의 친척들은 결국 그를 발견해냈습니다. 그에게서 이처럼 참혹하게 된 이유를 듣게 된 그들은 그를 집으로 데려가야겠다고 생각했습니다."

42

"친척들은 그를 집으로 데려가려 여러 번 시도했지만, 그는 강력하게 저항했습니다. 다음날 밤 다시 나타난 악마들은 그에게 전날 밤보다 심한 고문을 가했습니다. 친척들은 그에게 다른 곳으로 옮기자고 설득했습니다. 그러나 그는 더러운 것들에 의해 오염된 삶을 사느니 차라리 죽는 편이 낫다고 말했습니다."

43

"셋째날 밤에는 악마들이 그 사람을 죽이려 했습니다. 그들은 그를 무자비하게 고문하여 땅에 쓰러뜨렸으며, 거의 숨이 끊어질 정도까지 괴롭혔습니다. 그런데도 그가 굴복하지 않자, 결국 그를 내버려 두고 떠났습니다. 그러면서 '네가 이겼다. 네가 이겼어'라고 소리쳤습니다. 그 후로 다시는 마귀들은 그를 괴롭히지 않았습니다. 그는 죽을 때까지 무덤 속에서 깨끗하게 살면서 순결의 덕을 실천했습니다. 그리하여 그는 하나님의 존귀히 여기심을 받았을 뿐만 아니라, 기적을 행하는 놀라운 능력을 갖게 되었고, 많은 사람들로부터 존경을 받았으며, 그들의 마음속에 선행을 하고 싶은 마음을 일으켜 주었습니다."

44

"그 결과, 자신에 대해 완전히 절망했던 많은 사람들이 선한 일을 추구하며 덕스러운 삶을 살게 되었습니다. 그들은 생활 속에서 "무릇 자기를 낮추는 자는 높아지리라"(눅14:11)고 한 성경의 말씀을 실현한 것입니다. 나의 자녀들이여, 무엇보다도 겸손을 얻기 위해 자신을 연단해야 합니다. 겸손은 모든 덕의 기초가 되는 것이기 때문입니다. 깊은 사막은 우리가 금욕 수련을 실천하는 데 유익한 곳이기도 합니다."

45

"예를 들어 봅시다. 깊은 사막에 들어가 여러 해 동안 지내면서 덕을 실천한 수도사가 있었습니다. 그런데 노년에 그는 악마들의 공격을 받게 되었습니다. 이 수도자는 특히 침묵에 전념하고 있었습니다. 그는 기도와 찬송과 많은 묵상을 하는 생활을 하면서 거룩한 본질을 지닌 환상들을 보았습니다. 때로는 잠들어있는 동안에, 혹은 깨어 있는 동안에도 환상을 보았습니다.

46

"그는 영생의 자취를 파악하는 데 거의 성공했었습니다(딤전 6:12 참조). 그는 밭을 가꾸지 않았고, 무엇을 먹을까 염려하지 않았으며, 식물이나 초목으로 자신의 육체적 욕구들을 충족시키려 하지도 않았고, 새나 짐승을 사냥하지 않았습니다. 그는 세상을 버리고 사막에 들어온 날부터 하나님만 신뢰했으며, 자신의 육신의 양분을 어떻게 공급할까에 대해서는 생각하지 않았습니다. 그는 자신의 자유 의지에 따라 평생 동안 하나님과 함께 하는 삶을 살았고, 자신이 세상에서 떠날 날을 기다렸습니다. 그는 보지 않고서도 소망을 가지고 기쁨과 힘을 얻어 세상을 살아갔습니다(히 11:1 참조). 이런 상태로 오래 지냈는데도 그의 육신은 전혀 지치지 않았고, 그의 영혼은 열심을 잃지 않았습니다. 오히려 그는 건전한 방법으로 이러한 선한 생활 상태를 유지했습니다."

47

"하나님께서는 그를 존귀하게 여기셨으므로, 이틀이나 사흘에 한 번씩 그의 식탁에 빵 하나를 놓아 주셨습니다.19) 그것은 진짜 빵이었습니다. 또 이

---

19) 수도사는 천국의 빵으로 산다.

수도사는 배고픔을 느껴 동굴 밖으로 나올 때마다 음식을 발견했습니다. 그는 엎드려 부복하고 음식을 먹고 나서는 다시 찬송을 하고 안내하며 기도와 묵상에 잠겼습니다. 그는 날마다 영적으로 성장했으며, 현재의 덕과 미래의 소망이 눈에 띄게 진보했습니다. 그런데 그만 그는 자신이 이미 좋은 편을 소유했다고 생각하게 되었습니다. 이렇게 생각하게 되자마자 그에게 시험이 임했으며, 그 결과 그는 거의 실족할 지경에 이르렀습니다."

48

"그는 이렇게 넘치는 은혜를 받고 있으면서 그것을 깨닫지 못하고서, 자신이 대부분의 사람들보다 훌륭하며, 다른 사람들보다 더 위대한 것을 성취했다고 생각하기 시작하면서 자만심을 갖게 되었습니다."

49

"곧 그의 내면에 조그마한 나태함이 자리를 잡게 되었습니다. 그것은 나태함이라고 할 수도 없을 정도로 지극히 미미한 것이었습니다. 그런데 그것은 보다 심각한 태만함으로 자랐고, 이윽고 눈에 띌 정도의 태만함이 되었습니다. 이제 그는 잠자리에서 일어나 찬송을 부르는 일도 하기 싫어했습니다. 기도하는 일에는 더 나태했습니다. 시편을 찬송하는 일도 그리 오래 하지 않게 되었습니다. 그 영혼은 휴식을 원했고, 그의 정신은 세상을 바라보았습니다. 그의 정신은 산만해졌습니다. 아마도 그의 마음 은밀한 곳에서 그는 악을 계획하기 시작했을지도 모릅니다. 그러나 이 수도자는 과거에 기지고 있던 습관들, 말하자면 그가 처음 노력하면서 굳어진 습관 덕분에 자신을 어느 정도 자제했고, 그 때문에 한 동안은 안전했습니다."

50

"어느 날 항상 하던 대로 저녁 기도를 드린 후 동굴로 들어온 그는 식탁 위에서 하나님께서 마련해 주신 빵을 발견했고, 그것을 먹고 힘을 얻었습니다. 그런데 이후로 그는 자신이 정한 기도 시간을 지키지 않았으며, 이처럼 기도를 등한시하는 것이 자기의 열심을 해친다고도 생각하지 않았습니다. 그는 자신이 의무 수행을 약간 소홀히 하는 것 정도는 사소한 일이라고 생각했습니다."

51

"결국 강력한 육적 욕망이 그를 휘어잡았으며, 악한 생각20)이 그를 세상으로 향하게 했습니다. 그러나 그는 얼마 동안은 자제했으며, 다음날에는 일상적으로 하던 금욕수련을 행했습니다. 기도하고 찬송을 마친 후에 동굴로 들

---

20) 악한 생각으로(by evil thought; *tois logismoi*): *logiamoi*란 정신에 강력한 영향을 끼치는 상(images)을 의미한다. 다음은 이 언어에 대한 에바그리우스의 정의이다. "A demonic *logismoi* as an image(*eikōn*) belonging to the sensitive life of a man which has been composed in the understanding(*kata dianoian*), with which the mind(*nous*) when moving in an impassioned way says something or does something secretly against the law in accordance with the image(*eidōlon*) which has effected an entrance because the mind has been overpowered by it' (cited by Thomas Spidlik, *La spiritulité de l'orient chrétien*, p. 233).

어가 보니 역시 식탁에 빵이 놓여 있었습니다. 그런데 이번에는 희고 잘 구운 빵이 아니라 검은 빵이었습니다. 그는 놀라기도 하고 약간 실망하기도 했지만 그것을 먹고 기운을 얻었습니다."

52

"다음날 밤이 되었습니다. 이날 밤에는 악이 전보다 훨씬 사납게 공격했습니다. 그의 정신은 보다 적극적으로 악한 생각에 빠졌습니다. 마치 여인이 실제로 자기 곁에 누워 있는 듯했습니다. 그 자신이 실제로 그 장면을 행하고 있는 듯이 모든 장면이 눈에 선했습니다. 그는 동굴 밖으로 나와 다시 작업을 하고 기도하고 찬송을 부르려 했습니다. 그런데 이제 자신의 생각을 순결하게 유지할 수 없었습니다. 그는 안정을 찾지 못하고 이곳저곳을 바라보았습니다. 그의 머릿속에 있는 생각이 그의 선한 행동을 방해한 것입니다."

53

"저녁이 되어 그는 동굴로 갔습니다. 식탁에는 빵이 놓여 있었습니다. 그런데 쥐나 개가 갉아 먹었는지 빵 껍질만 남아 있었습니다. 그는 탄식하며 울기 시작했습니다. 그러나 그 정도의 탄식과 눈물로는 악을 제어할 수 없었습니다. 제대로 먹지 못해 배가 고팠기 때문에 잠도 오지 않았습니다."

54

"그의 생각들은 다시 고개를 들어 사방에서 그를 에워싸고 그의 이성을 공격하여 쉽게 사로잡았습니다. 그의 생각들은 그를 다시 세상으로 끌고 갔습니다. 결국 그는 밤중에 자리에서 일어나 사람들이 사는 곳을 향해 떠났습니다. 동이 텄습니다. 그러나 사람들이 사는 마을은 아직 멀리 떨어져 있었습니다. 그는 뜨거운 태양 볕 아래 고생하면서 계속 앞으로 갔습니다. 혹시 수도원이 있으면 그곳에 들어가 음식을 얻어먹을까 하여 사방을 둘러보았습니다."

55

"마침 수도원이 눈에 띄었습니다. 경건하고 신실한 형제들은 그를 맞이하고는 그를 자기들의 참된 아버지인 듯이 생각하며 얼굴과 발을 씻어 주었습니다. 기도를 한 후에 그들은 음식을 마련하여 그에게 대접했습니다. 그는 배불리 먹었습니다. 형제들은 그에게 구원에 대해 이야기를 해 달라고 청했습니다. 그래서 그는 마귀의 올무에서 벗어나는 방법, 그리고 수치스러운 생각들을 정복하는 방법에 대해 말해 주었습니다."

56

"그는 마치 자녀들에게 권면하는 아버지처럼, 곧 이 세상을 떠나 풍성한 안식을 누리게 될 것이니 인내하며 수고하라고 그들을 격려해 주었습니다. 그는 그들에게 금욕 생활에 대해 많은 이야기를 해 주어 그들의 덕을 크게 성장하게 해 주었습니다. 권면을 마친 그는 자신이 다른 사람들에게는 권고를 했지만 자신은 전혀 권면을 받지 못한 상태에 머물러 있다는 것을 잠시 되새겨 보았습니다."

57

"자신의 허물이 양심을 찔렀습니다. 그는 단숨에 사막으로 달려 나가서 슬피 울며 외쳤습니다. '여호와께서 내게 도움이 되지 아니하셨더면 내 혼이 벌써 적막 중에 처하였으리라'(시 94:17), '내가 모든 악에 거의 빠지게 되었노라'(잠 5:14), '저희가 나를 세상에서 거의 멸하였으니'(시 119:87). 그의 상태를 비유한다면, '노엽게 한 형제와 화목하기가 견고한 성을 취하기보다 어려운즉 이러한 다툼을 산성 문빗장 같으니라'(잠 18:19)는 말씀으로 비유할 수 있을 것입니다."

58

"그때부터 그는 남은 일생을 슬픔 속에서 보냈습니다. 하나님께서 주시던 양식이 끊어졌으므로 스스로 수고하여 음식을 마련해야 했습니다. 그는 베옷을 입고 몸에 재를 뿌리고는 동굴 속에 틀어박혀서 계속 애통해했습니다. 마침내 꿈속에서 천사가 나타나 그에게 말했습니다. '하나님께서 너의 회개를 받아주시고 너에게 긍휼을 베푸셨다. 앞으로는 미혹을 받지 않도록 조심하거라. 너의 영적 권고를 받은 형제들이 선물21)을 가지고서 너를 위로하러 올 것이다. 그들을 영접하여 그들과 함께 음식을 먹고 항상 하나님께 감사하라.'"

59

"자녀들이여, 이런 이야기를 하는 것은 그대들이 겸손을 그대들의 수도생활의 주요 목표로 삼게 하기 위해서입니다. 이것이 구세주의 첫째 명령이기 때문입니다. 구세주께서는 "심령이 가난한 자는 복이 있나니 천국이 저희 것임이요"라고 말씀하셨습니다(마5:3). 또 내가 이런 이야기를 한 것은 그대들이 어떤 화신(化身)들이 여러 가지 모습으로 모양을 바꾸는 악마들의 미혹을 받지 않게 하기 위해서이기도 합니다."

60

"형제나 친구나 자매나 아내나 아버지나 교사나 어머니나 자녀나 종이 그대들에게로 오는 것을 보거든, 먼저 손을 펴고 기도하십시오. 만일 그것이 환영이라면, 악마는 그대들에게서 도망칠 것입니다. 악마나 사람들이 아첨과 칭찬으로 당신을 미혹하려 해도 그들을 믿지 말고 그들에게 속지 마십시오."

---

21) 은사(eulogias)는 원래 "축복"을 의미한다. 이 단어는 특히 성찬으로 사용하기 위해 성별할 필요가 없는 빵에 적용된다. 공주 수도사들은 성찬예배 후에 간단한 식사로서 이 빵과 포도주를 먹었다. 축복된 빵은 선물로 보내기도 했다. 그러나 이 단어는 보다 넓은 의미에서 모든 선물을 의미할 수도 있다. 사부 아르세니우스는 마른 무화과를 선물로 받았다(*Sayings of the Desert Fathers*, Arsenius 16[*PG* 65, 92B]). 에게리아는 시내 산을 방문했을 때 수도사들이 재배한 과일을 선물로 받았다(*Egeria's Travels* trans. John Wilkinson, London 1971, pp.24-5, 94).

61

"나의 경우에도 그런 일이 종종 있었습니다. 악마들은 어두울 때 이런 식으로 나를 미혹하려 했으며, 밤새도록 내 앞에 환영들을 제시함으로써 나로 하여금 기도하지도 못하고 쉬지도 못하게 했습니다. 그리고 아침이 되면 내 앞에 무릎을 꿇고 조롱하면서 "사부여, 밤새도록 당신을 괴롭힌 것을 용서해주십시오"라고 말했습니다. 나는 그들에게 "행악하는 너희는 다 나를 떠나라(시6:8; 마7:23). 너희는 하나님의 종을 시험해서는 안될 것이니라"고 대답했습니다."

62

"나의 자녀들이여, 그대들도 침묵 생활을 하며, 끊임없이 묵상 훈련을 하십시오 그리고 하나님께 기도할 때는 순결한 마음으로 기도하십시오 세상에서 끊임없이 자신을 연단하는 자, 형제애를 발휘하며 사랑을 실천하는 자, 방문객들을 환대하며 구제하는 자, 병든 자를 도와주며 다른 사람들을 노하게 하지 않는 자가 선한 수도자입니다."

63

"계명을 실천하고 행하는 사람은 지극히 선한 사람입니다. 그러나 그는 세상 일에 사로잡혀 있는 사람입니다. 그보다는 묵상하는 사람이 더 위대하고 선한 사람입니다. 그는 적극적인 행위를 초월하여 영적인 영역에 들어간 사람입니다. 그는 자신을 부인했을 뿐만 아니라 완전히 망각했으므로, 하늘나라의 일에만 관심을 갖습니다. 그는 근심으로 인해 방해를 받지 않은 채 하나님 앞에 섭니다. 이러한 사람은 하나님과 동행하는 생활을 하므로, 하나님에게 사로잡혀 지내며 끊임없이 하나님을 찬송합니다."

64

복된 존은 이러한 이야기 외에도 다른 많은 이야기를 해 주었다. 그는 사흘 동안 9시까지 우리와 이야기를 하면서 우리 영혼을 치료해 주었다. 그는 우리와 작별할 때 선물을 주었고, 아울러 이렇게 예언을 했다. "오늘 경건한 데오도시우스 황제가 승리했으며 폭군 유게니우스가 멸망했다는 소식이 알렉산드리아에 선포되었습니다." 그리고 "황제는 자연사할 것입니다."[22] 실제로 그의 말대로 되었다.

65

존과 작별한 우리는 다른 교부들을 방문했다. 우리가 그들과 함께 있을 때 몇 명의 수사들이 와서는 복된 존이 놀라운 방식으로 죽었다고 말해 주었다.[23] 그는 사흘 동안 아무도 만나지 않겠으니 그리 알라고 명령하고는 무릎

---

[22] 유게니우스와 아르보가스트는 394년 9월에 테오도시우스 황제에게 패해 죽임을 당했다. 이것은 이 여행의 연대를 394-395년 겨울이라고 설정할 수 있는 근거가 된다.
[23] 여기에서는 존이 사망한 연대를 394년이나 395년으로 보는데, 이것은 팔라디우스가 제공한 정보와 일치한다. Cf. *Lausiac History*, vol. I, pp. 181-2, vol. II, p. 213, n. 64.

을 끓고 기도하다가 운명하여 하늘나라로 갔다. 영원토록 하나님께 영광이 있을지어다. 아멘.24)

---

24) 이 부분은 하나님께 대한 찬송과 아멘으로 끝난다. 그것은 아마도 이 부분이 이 책에 포함되기 전에 독립되어 존재했을 가능성을 지적해 주는 듯하다.

사부 오르

1

그 후 우리는 테베로 가서 오르$_{Or}$라는 훌륭한 분을 만났다.[1] 그는 천 명의 수사들이 모여 사는 수도원의 지도자였는데, 마치 천사 같은 모습을 하고 있었다.[2] 그의 나이는 약 90세쯤 되었다. 흰 턱수염이 가슴까지 닿았다. 그의 얼굴에서는 광채가 나서 누구든 그를 바라보기만 해도 경이감으로 가득 찼다.

2

그는 과거에는 깊은 사막에서 여러 해 동안 독수도를 하면서 금욕생활을 했다가 후에 외부로 나와서 공주수도원을 세웠다. 그는 원래 관목들만 있었던

---

1) 사부 오르에 대해 우리가 알고 있는 것은 이것뿐이다. 니트리아에 또 다른 오르가 있었는데, 그는 390년경에 팔라디우스가 니트리아를 방문했을 때는 이미 이 세상 사람이 아니었다(cf. *Lausiac History* c. IX). 사부(Abba)라는 호칭은 원로 수도사들에 부여된 존칭이다. 수도원이나 은수사들의 공동체의 웃사람은 교부(patēr)라고 부른다.
2) *PGL*에서는 이것을 "그가 천사의 형상을 입고 있었다"라는 뜻으로 사용했다.

곳에 나무를 심었고, 그리하여 사막에서 목재를 풍성하게 얻을 수 있게 되었다.

3

그의 인근에 사는 교부들은 그에 대해 이렇게 말했다. "그 교부가 사막에서 나와 그곳에 정착하기 이전, 그곳에는 푸른 것이라곤 하나도 없었습니다." 그는 작은 숲을 만들었고, 따라서 그의 주위에 모여 사는 형제들은 이러 저러한 것들이 부족하여 이곳저곳을 방랑하지 않아도 되었다. 그는 그들에게 필요한 것을 모두 공급해 주었으며, 하나님께 기도하면서 그들의 구원을 위해 노력했으므로, 그들에게는 부족한 것이 전혀 없었고, 나태하게 생활할 핑계가 없었다.

4

이 교부는 처음 사막에 들어왔을 때는 풀잎과 부드러운 나무 뿌리를 먹고, 물을 발견하면 물을 마셨고, 나머지 시간을 온전히 기도하고 찬송하면서 지냈다. 그가 매우 늙었을 때, 천사가 꿈에 나타나서 말했다.

"너는 큰 민족이 될 것이며 많은 사람들이 너를 의지하게 될 것이다. 너로 말미암아 무수한 사람들이 구원을 받을 것이다. 너는 다가올 세대에서는 이 세상에서 네가 하나님께로 인도한 사람들을 인도하게 될 것이다. 절대로 망설이지 말거라. 하나님을 의지하기만 하면, 죽는 날까지 부족한 것이 없을 것이다."

5

이 말을 듣고서 그는 서둘러 혼자 독 수도를 하던 깊은 사막에서 나왔다. 그는 손수 조그만 오두막을 짓고, 소금에 절인 야채만 먹고 지냈다.3) 어떤 때는 한 주일에 한 끼만 먹기도 했다. 그는 원래 무식한 사람이었는데, 사막에서 나와 사람들이 사는 곳으로 왔을 때 하나님께서는 그에게 특별한 은사를 주셨으므로 성경을 암송할 수 있게 되었다. 실제로 형제들이 그에게 책 한 권을 주었는데, 그는 성서를 잘 알고 있었기 때문에 그 책을 읽을 수 있었다.

6

그에게는 마귀를 쫓는 능력도 있었다. 그래서 많은 사람들이 그를 찾아왔고, 공공연하게 그의 금욕적 덕을 선포했다. 그는 계속하여 여러 종류의 병을 고쳐주었으므로, 사방에서 수도사들이 그에게로 몰려왔는데, 그 수효가 수천 명에 달했다.

7

이 교부는 우리를 만나자 기뻐하며 얼싸안고는 우리를 위해 기도를 해 주었다. 그리고 손수 우리의 발을 씻겨준 후에 영적인 가르침을 주었다. 그는 하

---

3) 야채는 기름이나 소금에 절여 보존했다(*HM* [Fr] p. 31을 보라). 테오도렛은 그들이 준비한 것을 이렇게 묘사했다. "그들은 야생 상태에서 자라고 있는 야채들을 모아서 항아리에 담은 후에 소금물을 넉넉히 부었다. 그리하여 영양 있는 음식을 필요로 하는 사람들을 위한 맛있는 음식을 보관할 수 있게 된 것이다"(*Philotheos* II 4, pp. 200-2).

나님으로부터 은사를 받아 성서를 잘 알고 있었다. 그는 성서에 있는 많은 중요한 구절들을 해석해 주었다. 그는 정통적인 신앙을 가르쳐준 후에 우리에게 성찬에 참여하라고 권했다.4)

8

위대한 고행자들에게는 영혼의 양식, 즉 성찬을 베풀기 전에는 육의 양식을 주지 않는 관습이 있었다. 성찬에 참여하고 하나님께 감사를 드린 후에 그는 우리를 식사에 초대했다. 그는 우리와 함께 앉아서 식사를 하는 동안 여러 가지 훌륭한 주제에 대해 이야기했다. 그는 이런 이야기를 해 주었다.

9

"내가 아는 어떤 사람은 사막에서 살면서 3년 동안 세상 음식은 전혀 먹지 않았고, 사흘마다 한 번씩 천사가 하늘의 양식을 가져다가 그의 입에 넣어 주었습니다. 이것이 그의 양식이자 음료수였습니다. 그런데 환상 중에 마귀들이 나타나서 마치 황제가 방문하는 듯이 천군들과 불 마차와 많은 호위병들을 보여 주었습니다. 환상 속의 황제는 '선한 사람이여, 그대는 모든 덕을 얻었다. 이제 내 앞에 엎드려 절하라. 그러면 내가 너를 엘리야처럼 하늘로 데리고 가리라'고 말했습니다."

---

4) 즉 기도회에 참여하는 것이다. 이것이 성찬예배를 의미한다는 것은 전후의 문맥을 통해서 알 수 있다.

10

"이 수도사는 '나는 날마다 내 임금이신 구세주께 엎드려 절한다. 만일 이것이 바로 그분이라면 나에게 이런 요청을 할 리가 없다'라고 생각했습니다. 그가 마음에 있는 생각을 말로 표현하여 '나의 임금님은 그리스도이시다. 나는 그분을 끊임없이 찬양하고 있다. 너는 내 임금이 아니다'라고 말하자마자 악마는 사라졌습니다.' 사부 오르는 자신의 생활 방법을 감추기를 원했기 때문에 마치 다른 사람의 이야기인 듯이 이 이야기를 했다. 그러나 그와 함께 사는 교부들의 말에 의하면, 그 환상을 본 사람은 바로 오르였다고 한다.

11

오르는 유명해졌다. 많은 수도사들이 그를 찾아왔는데, 그는 근처에 살고 있는 모든 사람들을 불러 모아, 하루 만에 그들을 위한 수실을 지었다. 그들은 각기 진흙을 나르는 일, 벽돌을 나르는 일, 물을 나르는 일, 목재를 베어오는 일 등을 분담했다. 수실들이 완공된 후, 그는 새로운 수도자들에게 필요한 것이 있는지 손수 점검해 보았다.

12

어느 거짓 형제5)가 자신의 옷을 감추어 놓고서 사부 오르를 찾아 왔다. 그는

---

5) 여기에서 "거짓 형제"란 합당치 못한 동기를 가지고 수도생활을 시작한 사람을 의미한다. 아마 이 수도사는 의복을 한 벌 더 얻으려 했던 것 같다

공개적으로 이 형제를 책망하고는 그가 감추었던 옷을 꺼내어 모든 사람들에게 보여주었다. 그 후로는 아무도 감히 그에게 거짓말을 하지 못했다. 그것은 그가 쌓은 덕으로 인해 얻게 된 은사였다. 교회 안에서는 그와 함께 살고 있는 많은 수도사들이 의인들의 성가대처럼 흰 옷을 입고서 끊임없이 하나님을 찬양하는 모습을 볼 수 있었다.

암몬

1

우리는 테베에 살고 있는 암몬Ammon1)이라는 교부를 방문했다. 그는 삼천 명의 수도사들을 거느리고 있었는데, 그들은 타벤니시오트Tabennisiots2)라고 불렸고, 대단히 엄격한 생활을 했다. 그들은 양가죽 외투를 입고,3) 얼굴을 가린 채 음식을 먹었으며,4) 다른 사람들이 얼굴을 보지 못하게 하려고 고개를 숙이고 다녔다. 그들은 항상 침묵했기 때문에, 마치 사막에 있는 것 같았다.

---

1) 이 시대에 이집트에는 암몬이라는 이름의 수도사가 여러 명 있었다(*Lausiac History* vol. II, p. 190, n.16에 수록된 명단을 참조하라).

2) 파코미우스의 규칙을 따르는 공주생활 수도사들은 타벤니시오트(Tabennisiot)라고 불렸다. 이것은 리코폴리스에서 상류 쪽으로 약 200마일 거리인 타벤니시에 있었던 파코미우스의 최초의 수도원에서 유래된 것이다. 헤르모포리스 마그나 근처에는 파코미우스를 따르는 수도원이 두 개가 있었다. 그 중 하나가 암몬의 수도원이었던 것 같다(cf. *Lausiac History*, vol. ii, p. 209).

3) 양가죽 옷(*mēlotas*). 털을 다듬지 않은 양가죽 옷을 입는 것이 파코미우스 수도사들의 관습이었는데, 주로 식당에서 입었다(cf. *Lausiac Hietory*, vol. ii, p.89). 엘리야의 "겉옷"(왕상 19:13), 히브리서 3:37-38에 기록된 "광야와 산중과 암혈과 토굴을" 방랑하는 선지자들의 옷이 바로 이것이었다. Cf. Cassian, *Institutes* I 3.

4) 이것은 두건이 얼굴을 가리도록 내려 쓰는 것을 말한다. Cf. Cassian, *Institutes* IV 17.

각 수도사들은 각기 나름대로 은밀하게 금욕수행을 했다. 그들이 식탁에 앉는 것은 먹는 것처럼 보이기 위한 것이었으며, 그 외에는 서로에 의해 관찰되는 일을 피하려 했다. 그들 중에 어떤 사람들은 빵이나 올리브, 그 밖에 식탁에 오른 음식을 먹은 후에 손을 한두 번 입에 대며, 한 가지 음식을 한 입 정도만 먹는 것으로 만족하는 사람도 있었다.

2

또 다른 수도사들은 천천히 빵만 씹어 먹을 뿐 다른 음식은 못 본 체하지는 않지만 먹지 않았다. 또 수프만 세 스푼 마시고 다른 것은 전혀 먹지 않는 수도사들도 있었다.5) 나는 이 모든 일에 놀랐으며, 이러한 삶의 규칙을 통해서 얻을 수 있는 교훈을 소홀히 여기지 않았다.6)

---

5) *Rule of St. Pachomius* 44 참조하라.
6) 저자는 자신의 기록에 의해 교화된 것이 아니라, 수도사들의 관습과 의식에 의해 교화되었다.

베스

1

우리는 사부 베스Bes라는 분을 만났다. 그는 아주 온유한 분이었다. 그의 주위에서 생활하는 형제들은 그가 한 번도 맹세를 하거나 거짓말을 한 적이 없으며 누구에게 화를 내거나 누구를 꾸짖은 적도 없다고 말해 주었다. 그는 완전한 침묵 생활을 했다. 그는 천사 같은 상태에 도달했기 때문에 그의 태도는 평온했다.

2

그분은 지극히 겸손했으며, 자신을 무가치한 사람이라고 여겼다. 우리는 그분에게 격려의 말을 해 달라고 졸랐다. 그는 마지못해 온유함에 대해서 간단히 말해 주었다.

3

해마海馬가 인근에 있는 농촌에 출몰하여 파괴를 하자, 농부들이 이 교부에게 도움을 청했다. 그는 그곳에 서서 기다리다가 그 짐승이 오는 것을 보았다. 그것은 엄청나게 컸다. 그러나 그는 그 짐승에게 온유한 음성으로 "주 예수 그리스도의 이름으로 네게 명한다. 다시는 이곳을 파괴하지 말거라"라고 말했다. 그러자 그 짐승은 마치 천사에게 쫓겨 가듯이 완전히 그 지방에서 사라졌다. 또 한 번은 같은 방법으로 악어를 쫓아내기도 했다.

옥시린쿠스

1

우리는 테베 지방의 도시 중 하나인 옥시린쿠스$_{Oxyrhynchus}$[1])에도 갔었다. 우리가 그곳에서 본 놀라운 것들을 제대로 설명한다는 것은 불가능한 일이다. 그 도시는 수도원들로 가득했는데, 마치 수도사들의 음성이 성벽들에 부딪혀 들려오는 듯 했다. 어떤 수도원들은 밖에서 그 도시를 에워싸고 있어서 마치 바깥쪽의 도시가 안쪽에 있는 도시와 나란히 하나의 마을을 형성하는 것 같았다.

2

이 도시의 신전들이나 주피터 신전[2]) 안에는 수도사들이 가득했다. 그 도시

---

1) 옥시린쿠스의 역사에 대해서는 그곳에서 발견된 많은 파피루스에서 입수한 것 외에는 거의 알려져 있는 것이 없다. 그곳은 헤라클레오폴리스의 몰락으로 유익을 얻게 된 성읍으로서 번성하는 기독교인들의 중심지가 되었다. 300년경에 그곳에는 이미 교회가 두 개 있었다(cf. Kees, Pauly-Wissowa, s.v. *Oxyrynchos*, cols. 2043 ff.).
2) 로마 제국의 모든 중요 도시에는 신전, 공식 제의를 거행하는 신전이 있었다. 옥시린쿠스의 공공건물에 주둔한 파수병들을 열거한 약 300년경의 파피루스를 통해서 알게

에는 도처에 수도사들이 살고 있었다.

3

그곳은 큰 도시였으므로, 집회 장소인 교회가 12개나 되었다. 수도사들은 각자가 소속되어 있는 수도원 안에 작은 예배실3)을 가지고 있었다. 수도사들의 수가 세속 주민들보다 더 많았다. 그들은 어느 곳에서나 거주했다. 현관이나 심지어는 망대의 문 안에서도 거주했다.

4

이 도시의 성 안에 5천 명, 성 밖에도 5천 명의 수도사들이 있었다고 한다. 종일 하나님께 드리는 그들의 예배가 끊이지 않았다.4) 주민들 중에는 이교도나 이단자가 한 사람도 없었다. 모두가 신자요 예비 신자였다. 그렇기 때문에 주교는 거리에서 공개적으로 사람들을 축복할5) 수 있었다.

된 바에 의하면 이 도시에는 신들을 모신 신전과 황제를 섬기는 신전이 있었다.
3) 이것은 수도원 예배실을 언급한 것이다.
4) 이것은 다른 곳에서는 성찬을 언급한다. 그러나 이곳에서는 성무일과를 말한다. 왜냐하면 성찬예배를 밤이나 낮이나 시간을 가리지 않고 거행하지는 않았을 것이기 때문이다. 404년 경 잠을 자지 않은 알렉산더(Alexander the Sleepless)라는 사람이 콘스탄티노플에 수도원을 세웠다. 이곳에서는 밤낮 없이 24시간 동안 계속 기도회가 열렸다. 만일 그러한 집단이 옥시린쿠스에 존재했다면, 보다 자세한 논평을 했을 것이다.
5) 즉 "평화를 주다"라는 의미이다. 4세기에는 성찬예배 때 주교는 "모든 사람에게 평화를"이라는 말로 인사를 했다.

5

이 도시의 주요 관리들과 행정관6)들은 일반인들에게 구제금을 아낌없이 나누어 주었다. 그들은 대문과 현관에 파수꾼들을 세워 두었는데, 만일 곤궁한 나그네가 나타나면 파수꾼들은 그를 관리들에게 데려갔다. 그러면 관리들은 그에게 필요한 양식을 주었다. 나그네들이 광장7)을 가로질러 가는 우리들을 보고서는 마치 우리가 천사인 듯이 우리에게로 다가온 그들의 신앙을 무엇이라고 표현해야 할까? 무수히 많은 수도사들과 수녀들의 무리를 어떻게 해야 적절하게 표현할 수 있을까?

6

우리가 그곳의 주교에게서 확인한 바에 의하면, 그는 일만 명의 수도사와 2만 명의 수녀들을 관할하고 있었다. 우리에게 보여준 그들의 사랑과 환대를 제대로 표현할 능력이 내게는 없다. 사실 사람들마다 우리를 데리고 가서 대접하기 위해 잡아끌다가 우리의 외투가 찢어지기도 했다.

---

6) 이것은 속주보다 작은 행정지역을 다스리는 총독을 말한다. 그의 업무에는 농사, 세금 징수, 경찰들을 감독하는 일 등이 포함된다. 때로 한 사람이 두 지역을 다스리기도 한다. 시장이란 아우구스투스가 각 도시의 체육관, 그리스 신전들, 시장과 곡식의 공급 등을 감독하기 위해 만든 직책이다.

7) 시장은 교역뿐만 아니라 토론장으로도 활용되었다.

7

우리는 그곳에서 여러 가지 은사를 소유한 위대한 교부들을 많이 만났다. 어떤 사람은 말씀의 은사를, 어떤 사람은 생활 방법에서의 은사를, 또 어떤 사람들은 기적과 기사를 행하는 은사를 가지고 있었다.

테온

1

우리는 옥시린쿠스에서 그다지 멀지 않은 사막에서 또 한 사람의 교부를 만났다. 그의 이름은 테온Theon이었다. 그는 30년 동안 조그만 수실 안에서 은둔 생활을 하면서 침묵 수련을 해온 성인이었다. 그는 많은 기적을 행했다. 그래서 그 지역의 사람들은 그를 통찰력이 있는 사람으로 여겨 추앙했다. 날마다 많은 병자들이 그를 만나러 왔다. 그는 창문 밖으로 그들에게 안수하여 병을 치료해 주고는 그들을 떠나보냈다. 그는 마치 천사 같아서 은혜가 풍성했으며, 방문객들은 그가 바라봐 주는 것만으로도 기쁨을 느꼈다.

2

얼마 전, 밤중에 먼 곳에서 온 강도들이 그를 공격했다. 그들은 테온이 많은 금을 간직하고 있을 것이라고 생각했다. 그래서 그를 죽이려 했다. 그러나 테온은 기도했고, 그들은 문 앞에서 발이 붙어버린 듯 새벽까지 서 있었다.

아침에 사람들이 그곳으로 왔다. 그들은 도둑들을 산 채로 불에 태워 죽이려 했다. 그러나 테온은 그들에게 "그들을 해치지 말고 그냥 떠나보내시오. 그렇게 하지 않으면 병 고치는 은사가 내게서 떠날 것입니다"라고 말했다. 그들은 그의 말을 거역하고 싶지 않았기 때문에 순종했다. 강도들은 그 즉시 인근에 있는 수도원에 들어가서 자신의 죄를 회개하고 수도사들의 도움을 받아 새 사람이 되었다.

3

테온은 은혜로 말미암아 세 가지의 언어를 능숙하게 알게 되었다. 그는 그리스어와 라틴어와 콥트어를 읽을 수 있었다. 이것은 우리가 많은 사람들에게서 들은 이야기이고, 또 직접 테온에게서 확인한 사실이다. 그는 우리가 외국인이라는 것을 알고서 석판 위에 우리의 방문에 대해 하나님께 감사하는 글을 썼다.

4

그는 요리하지 않은 생야채만 먹었다. 사람들의 말에 의하면, 그는 밤중에 밖으로 나가서 들짐승들과 사귀며 그들에게 마실 물을 주곤 한다고 한다. 우리는 그의 수실 근처에서 노루와 들나귀와 영양을 비롯한 여러 짐승들의 자취를 발견할 수 있었다. 그는 이러한 짐승들과의 만남을 언제나 기뻐했다.

엘리아스

1

우리는 테베 지방의 주요 도시1)인 안티노에(Antinoë)2) 사막에서 엘리아스3)라는 교부를 만났다. 그는 아마 백 살쯤 되었을 것이다. 사람들은 선지자 엘리야의 영이 그에게 임했다고 말했다. 그는 사막에서 70년을 생활한 것으로 유명했다. 그의 은둔처가 있는 사막은 말로 형언할 수 없을 정도로 험한 곳이었다. 이런 사막에서 살면서 그는 한 번도 인근 마을에 내려오지 않았다.

2

그의 은둔처로 가는 길은 간신히 따라갈 수 있을 정도의 좁은 길인데다가

---

1) 안티노에는 나일 강 동편에 있는 이집트의 도시이다. 이곳은 130년에 하드리안이 그의 총신이었던 안티노우스(Antinous)를 기념하여 세운 도시이다. 안티노우스는 나일 강을 거슬러 여행하다가 익사했다.
2) 안티노에는 홍해로 가는 길목에 있어 전략적으로 중요한 위치를 차지했으며, 테베의 행정 중심지이기도 했다.
3) 엘리아스에 대해서는 그 밖에 알려진 것이 없다. 상부 이집트의 파노폴리스 근처 아트리페에 있는 커다란 수도원의 교부도 엘리아스라는 이름을 가지고 있었다(*Lausiac History* c. XXIX).

양편에는 거친 바위들이 솟아 있었다. 그는 바위 밑에 있는 동굴 속에 앉아 있었는데, 그 모습을 보기만 해도 감동을 받았다. 그의 육신은 완전히 노쇠한 상태였다. 그런데도 그는 날마다 많은 기적을 행하고 끊임없이 병자들을 고쳐 주었다.

3

교부들의 말에 의하면, 그가 언제 그 산속에 들어갔는지 아는 사람은 아무도 없다고 한다. 노년에 이른 그는 저녁에 작은 빵 하나를 먹었다. 젊었을 때는 한 주일에 한 번만 먹는 것을 규칙으로 삼았었다.

아폴로

1

우리는 테베 지방의 헤르모폴리스[1]라는 곳에 살고 있는 아폴로(Apollo)[2]라는 성인을 방문했다. 이곳은 주님께서 마리아와 요셉과 함께 가셔서 "보라 여호와께서 빠른 구름을 타고 애굽에 임하시리니 애굽의 우상들이 그 앞에서 떨겠고 애굽인의 마음이 그 속에서 녹으리라"(사 19:1 참조)고 한 이사야의 예언을 성취하신 곳이다. 실제로 우리는 그곳에서 신전을 보았는데, 그 안에 있는 모든 우상들은 구세주께서 그 도시에 입성하실 때 쓰러졌다고 한다.[3]

2

---

1) 헤르모폴리스(*Eshmûnêm*)는 나일 강 서편, 중부 이집트와 상부 이집트 사이의 지방에 있었다. 나일 강을 왕래하는 물건들은 이곳에서 세금을 지불했다.

2) 305-308년 사이에 태어나 15세 때 사막으로 들어갔다. 55세 때 돌아왔으며, 80세 때 공주수도원을 세웠다. 그러므로 7명의 수도사들이 그를 방문한 것은 그의 나이 86세부터 89세 사이의 일이다. 저자가 아폴로가 "이제 100세가 되었을 것이다"라고 말한 것으로 볼 때, 이 글은 405년에 기록한 것이다.

3) 이집트로 도망친 일에 대해서는 Sozomen, *HE* V 21을 보라.

아폴로는 산기슭의 사막에 수도처들을 가지고 있었으며,4) 그의 밑에는 오백 명의 수도사들이 있었다. 그는 테베 지방에서 유명하였으며, 위대한 일들을 많이 했다고 한다. 주님은 그를 통해서 많은 기사를 행하셨으며, 그의 손으로 무수한 표적을 행했다. 그는 어렸을 때부터 대단한 금욕고행자의 증거를 나타냈다. 말년에는 은혜를 받아 나이 80세 때 오백 명의 완전한 사람들로 커다란 수도원을 세웠다.5) 그들의 대부분은 기적을 행하는 능력을 소유하고 있었다.

3

그는 15세에 세상을 버리고 사막에 들어가서 40년을 지내면서 모든 종류의 덕을 닦았다. 그러던 그는 하나님의 음성을 들었다. "아폴로야, 아폴로야, 나는 너를 통해서 애굽의 지혜로운 사람들을 멸하며 교만한 이교도들의 지혜를 무가치한 것으로 만들려 한다(사 29:14 참조). 아울러 너는 바벨론의 지혜로운 자들도 멸할 것이며, 귀신 숭배를 폐지할 것이다. 이제 사람들이 사는 지역으로 가라. 너는 나를 위해 "선한 일에 열심 있는 친 백성"(딛 2:14)을 일으킬 것이다."

4

그는 "주여, 만일 내가 형제들을 위압할 경우에는 내게서 오만함의 죄를 제

---

4) 계곡과 단층애 사이의 메마른 땅
5) 헤르모폴리스에서 남쪽으로 약 15마일거리인 바위에서 발견되고 발굴된 폐허.

거하여 주시며, 내게서 모든 선한 것을 빼앗아 가소서"라고 대답했다. 하나님께서는 다시 말씀하셨다. "네 손을 목에 대거라. 그러면 오만함을 붙잡을 수 있을 것이니, 그것을 모래 속에 던져 버려라." 즉시 목에 손을 대어 조그만 흑인을 붙잡았다. 그것은 "나는 교만 마귀다"라고 소리쳤다. 그는 그것을 모래 속에 내던져 버렸다. 그에게 음성이 다시 들려왔다. "가라. 네가 무엇을 구하든지 하나님께서 주실 것이다." 그는 이 음성을 듣자마자 사람들의 거주 지역을 향해 출발했다. 이것은 폭군 줄리안6) 황제 때의 일이었다. 그는 얼마 동안 마을 근처에서 멀지 않은 사막에서 살았다.

5

그는 산기슭에 있는 조그만 동굴 안에서 살았다. 낮에는 종일 하나님께 기도를 드리고, 밤에도 낮에 했던 것처럼 100번씩 무릎을 꿇고 기도했다. 그가 처음 수도생활을 시작할 때와 마찬가지로 그 당시에도 하나님께서 그의 양식을 공급해 주셨다.

6

천사가 사막에 있는 그에게 음식을 가져다주었다. 그는 콜로비움colobium이라고 하는 긴 상의7)를 입었고, 머리에는 조그만 린넨 천을 감았다. 그는 오랫

---

6) 배교자 줄리안(361-363)
7) 제롬이 번역한 라틴어판 *Rule of St. Pachomius*에 다음과 같은 내용이 있다. 소매가 없는 삼베옷을 그들은 *"levitonarium"*라고 불렸다. Colobium은 카시안이 수도사

동안 이것을 벗지 않고 지냈다.

7

그 후에 그는 사람들이 정착해 사는 지역에서 가까운 사막에서 살았다. 그는 성령의 능력 안에서 살면서 표적들과 병 고치는 기적들을 행했다. 그와 함께 생활하는 사람들—이 사람들도 완전한 사람들로서 큰 공동체의 지도자들이었다—에게서 들은 바에 의하면, 이러한 기적들은 너무나 놀라워서 말로 표현할 수가 없다고 한다.

8

이 성인은 우리 세대를 위해 세움을 받은 새로운 선지자요 사도로 알려지고 유명해졌다. 그의 명성이 퍼져가면서, 그 주위에 흩어져 살던 많은 수도사들이 그와 합류하기 시작했으며, 마치 아버지에게 선물을 바치듯이 자기 영혼의 선물을 그에게 바쳤다. 그는 이들 중 어떤 사람에게는 묵상을 권하고, 어떤 사람에게는 실질적인 덕을 닦으라고 명했다. 그러나 그는 항상 자신이 말한 것을 몸소 실천함으로써 본을 보였다.

들의 상의를 칭하기 위해 사용한 말이다. 그의 상의 소매는 팔꿈치에 닿았다.

9

그는 금욕수행이 무엇을 의미하는지를 보여 주기 위해서 주일에만 그들과 함께 음식을 먹었다. 평일에는 땅에서 저절로 솟아난 식물만 먹을 뿐 빵이나 콩이나 과일, 그 밖에 요리를 해야 하는 것은 먹지 않았다.

10

줄리안 황제 시대의 일이다. 그는 어느 형제가 강제로 군대[8]에 끌려가서 사슬에 묶여 감옥에 갇혔다는 말을 들었다. 그는 형제들과 함께 그를 찾아가서 그를 위로하고 격려하면서 고난을 인내하며 어떤 위험을 당해도 염려하지 말라고 권면하면서 "지금은 싸울 때요, 유혹의 공격에 우리의 의지가 시험을 받는 때입니다"라고 했다.

11

이렇게 말하면서 형제의 영혼을 격려하고 있을 때, 수비대장이 매우 화가 난 상태로 들이닥쳤다. 누군가가 그에게 아폴로에 대해서 알려 주었던 것이다. 그는 감옥 문의 빗장을 지르고는 아폴로와 수도사들을 체포했다. 그들을 앞으로 있을 군사 원정 때 보충병으로 삼을 작정이었다. 수비대 대장은 그들의 호소를 듣지도 않은 채 그들을 철저히 감시하라고 명령한 후에 집으로

---

8) 수도사들을 징집하는 제도는 발렌티니안과 발렌스 시대에 제정되었다. 왜냐하면 많은 사람들이 군복무를 피하기 위해 수도사가 되었다고 주장했기 때문이다.

돌아갔다.

12

한밤 중에 천사가 횃불을 들고 감옥에 나타나 그 방에 있는 모든 사람들에게 환한 빛을 비추어 주었다. 그 광경을 본 수비병들은 놀라 입을 다물지 못했다. 정신을 차린 그들은 수도사들에게 그곳을 떠나 달라고 요청했다. 문은 이미 열려 있었다. 수비병들은 죄수들에게 임한 하나님의 구원을 이유 없이 묵살하는 것보다, 차라리 그들을 도망치게 한 죄로 죽는 편이 낫다고 말했다.

13

아침 일찍 수비대장이 부하들을 거느리고 감옥에 왔다. 그는 아폴로 일행에게 빨리 그 도시를 떠나라고 말했다. 그의 말에 의하면, 밤 사이에 지진이 일어나 그의 집이 무너지고 하인들은 그 속에 묻혔다는 것이었다. 이 말을 들은 형제들은 하나님께 감사의 찬송을 부르면서 사막으로 돌아갔다. 그 후로 이들은 모두 한 마음 한 뜻이 되었다.

14

아폴로는 날마다 마귀가 악한 꾀와 악한 생각으로 유혹할 때 즉시 그것들을 몰아내며 덕을 쌓으라고 가르쳤다. 뱀의 머리를 부수면, 그 몸 전체가 생명을 잃게 되기 때문이다. 그는 이렇게 말했다. "하나님께서는 뱀의 머리를 조심하라고 명하셨습니다(창 3:15 참조). 그러므로 우리는 더러운 정신적인 환상에 빠지지 않아야 함은 물론이요 악하고 방탕한 생각들도 조금도 용납하지 말아야 합니다. 그리고 모든 덕에 있어서 서로를 능가하려고 노력하십시오. 그렇지 많으면 덕의 실천에 있어서 이웃보다 낮은 수준에 있게 될 것입니다."

15

그는 계속해서 말했다. "정욕과 욕망들을 정복한 것이 그대들의 덕이 진보했다는 증거가 되어야 합니다. 이것은 하나님의 은사의 시작입니다. 사람이 하나님으로부터 기적을 행할 수 있다는 증거를 받았을 때, 자신이 완덕에 이르렀다고 생각하여 자만하지 말고, 또 다른 사람들보다 존귀하게 되었다고 생각하여 으스대지 마십시오. 그러한 은사를 받은 것을 모든 사람들에게 나타내서는 안 됩니다. 그렇게 하지 않아 분별력을 잃고 은혜를 빼앗긴 사람은 미혹에 빠질 뿐입니다."

16

이상은 아폴로의 설교에서 얻은 교훈과 그에게서 직접 들은 심오한 진리이다. 그러나 그는 행위를 통해 좀 더 위대한 일들을 성취했다. 하나님께서는 그가 기도로 구하기만 하면 즉시 허락해 주셨다. 그는 환상을 보기도 했다. 그는 사막에 살면서 거의 완덕의 상태에 도달했다. 그런데 환상 속에서 자기보다 더 위대한 금욕적인 생활의 증거를 보여 주었던 친 형을 보았다. 아폴로는 사막에서 형과 함께 여러 해를 보냈다.

17

꿈속에서 은 사도들 곁에 있는 보좌에 앉아서 하나님에게 속히 동생을 이 세상에서 데려와 하늘나라에서 자기와 함께 안식하게 해 달라고 호소하고 있었다. 그러나 구세주께서는 형에게 이렇게 대답하셨다. "아폴로는 세상에 좀 더 머물면서 완덕에 이르러야 한다. 그렇게 되면 많은 사람들이 그의 생활 방법을 본받게 될 것이다. 그에게는 수많은 수도사들이 맡겨질 것이며, 그의 수고의 열매로 하나님의 신뢰를 받게 될 것이다."

18

이것은 그가 꿈속에서 본 것인데, 실제로 그대로 이루어졌다. 사방에서 많은 수도사들이 그의 명성을 듣고 몰려 와서는 그의 가르침과 생활 방식에 감화를 받았고, 엄청나게 많은 사람들이 세상을 버리고 그를 따랐다. 산 위에는 그를 중심으로 하여 오백 여명의 형제들의 공동체가 형성되었는데, 그들은 같은 식탁에서 식사를 하며 모든 것을 공유했다.

19

그들은 마치 천사들의 군대 같았다. 그들은 완전한 질서 생활을 하고, 흰 옷을 입었다. 그들은 생활 속에서 "잉태치 못하며 생산치 못한 너는 노래할지어다 구로치 못한 너는 외쳐 노래할지어다 홀로 된 여인의 자식이 남편 있는 자의 자식보다 많음이니라"(사54:1)고 한 성경 말씀을 이룬 것이다. 물론이 예언의 말씀은 이방인들이 교회에 들어오는 것과 관련하여 이미 성취되었었다.

20

그 예언은 또한 이집트의 사막이 세상의 정착 지역의 사람들보다 더 많은 자녀들을 하나님께 바침으로써 성취되었다. 이집트의 사막들이 하나님께 바친 수도사들의 군대만큼 많은 구원받은 무리를 도시에서 발견할 수 있는가? 세상에서 사막이 아닌 지역에는 평신도들이 많으며, 사막에는 수도사들이 많다. 내가 보기에 "죄가 더한 곳에 은혜가 더욱 넘쳤다"(롬 5:20)는 사도 바울의 말이 이들 수도사들과 관련하여 성취된 듯하다.

21

과거에 이집트에서는 다른 어느 국가보다도 엄청나고 추잡한 우상숭배가 성행했다. 이집트인들은 개, 원숭이 등 여러 짐승들을 숭배했고, 마늘과 양파 등 평범한 야채들을 신이라고 여겼다. 이것은 아폴로가 과거에 범신론이 성행한 이유를 설명할 때 그에게서 들은 이야기이다.[9]

---

9) Cf. Eusebius *HE* V.

22

아폴로는 말했다. "이교도였던 우리의 선조들은 황소를 신격화했습니다. 왜냐하면 농사를 짓고 양식을 생산하는 데 소가 큰 몫을 하기 때문입니다. 그들은 또한 모든 농지에 물을 대 주는 나일 강도 신격화했습니다. 그들은 또 흙도 공경했습니다. 그 이유는 그들의 땅은 다른 땅보다 비옥했기 때문입니다.

23

"그 밖에도 그들은 온갖 가증한 것들, 개나 원숭이, 그리고 모든 혐오스러운 동물들과 채소들을 숭배했습니다. 왜냐하면 바로의 시대에는 백성들이 그것들을 숭배하느라고 이스라엘 백성들을 추격하는 바로를 따라가지 않았기 때문에 바로는 물에 빠져 죽었지만, 그들은 생명을 구했기 때문입니다. 그들은 자신들이 몰두해 있어 바로를 따라가지 못하게 한 대상을 신격화하며, '오늘 이것이 나의 신이 되었다. 이것으로 말미암아 나는 바로와 함께 멸망하지 않았도다'라고 말했습니다."

이상은 아폴로가 설교하면서 가르친 내용이다.

24

나는 그의 설교에 대해 깊이 다루기보다는 행위로 표현된 그의 능력에 대해 기록하려 한다. 한때 그가 살고 있는 곳 가까이에는 온통 이교도들이 살고 있었고, 특히 인근 마을들에서는 악마들을 숭배하고 있었다.

25

그중 한 마을에는 유명한 우상을 모신 커다란 신전이 있었다. 그러나 실제로 이 신상은 나무로 만든 조각에 불과했다. 백성들과 사제들은 광란 상태에 빠져 그 신상을 들고 여러 마을로 행진했다. 분명히 나일 강을 범람하도록 하기 위한 의식이었을 것이다.10)

26

그때 아폴로가 몇 명의 형제들과 함께 그곳을 지나가게 되었다. 그는 마치 귀신들린 사람들처럼 광란 상태에서 행진하는 이교도들을 보고는 무릎을 꿇고 주님께 기도했다. 그 즉시 이교도들은 그 자리에 멈추어 섰다. 그들은 서로를 밀면서 앞으로 나가려 했지만 조금도 앞으로 나갈 수 없었다. 그들은 어떻게 해야 할지 몰라 당황한 상태로 하루 종일 뜨거운 태양 볕을 받고 서있었다. 이윽고 그들의 사제들이 말하기를, 그들의 영역 안에 있는 사막에 기독교인(이것은 아폴로를 가리킨 것이다)이 있는데, 그 때문에 이 일이 있어났으니 그에게 도움을 구해야 하며, 그렇게 하지 않으면 목숨이 위험하다고 말했다.

---

10) Cf. John of Lycololis *HM* I ii.

27

근처 마을 사람들이 소동이 벌어져 시끄러운 것을 보고는 그들에게 와서 물었다. "당신들에게 갑자기 이런 일이 생기다니 도대체 어찌된 일입니까? 어떻게 해서 이런 일이 일어났습니까?" 그들은 아폴로가 이 일을 일으켰다고 짐작할 뿐 어찌된 일인지 알지 못한다고 말했다. 그리고 그를 달래야 한다고 덧붙여 말했다. 마을 사람들은 자기들이 아폴로가 지나가는 것을 보았다고 확인해 주었다.

28

사제들은 마을 사람들에게 도움을 청했다. 마을 사람들은 우상을 옮기기 위해 황소들을 끌고 왔다. 그러나 우상은 꼼짝도 하지 않았고, 사제들이 해도 마찬가지였다. 속수무책인 그들은 이웃 사람들을 아폴로에게 보내어, 그들을 그 장소에서 벗어나게 해 준다면 잘못된 신앙을 버리겠다는 말을 전했다.

29

이 소식을 들은 하나님의 사람은 신속하게 그들에게로 가서 기도하여 그들 모두를 풀어 주었다. 그들은 아폴로에게로 몰려가서는 기적을 행하시는 하나님과 우주의 구세주에 대한 신앙에 완전히 귀의하고, 즉시 우상을 불태워 버렸다. 아폴로는 그들 모두에게 교리를 가르친 후에 그들을 기독교 회중들에게 맡겼다. 그들 중 많은 사람은 수도원에 들어가 오늘날까지 그곳에서 살고 있다. 아폴로의 명성은 사방으로 퍼졌으며, 많은 사람들이 주님을 믿게 되었다. 결국 그가 사는 지역에는 이교도라고 불리는 사람은 한 사람도 없게 되었다.

30

그로부터 얼마 후, 두 마을이 땅의 소유권 문제로 군대를 일으켜 서로 싸우게 되었다. 이 소식을 들은 아폴로는 즉시 이들을 중재하기 위해 그들에게로 갔다.

31

그런데 한 편에서는 자기들 나름대로 최고의 전사라고 여기는 산적 두목을 신뢰하고 있었기 때문에 그의 권면을 받아들이려고 하지 않았다. 산적 두목이 사람이 자기를 대적하고 있다는 것을 안 아폴로는 그에게 말했다. "친구여, 그대가 내 말을 듣는다면, 나는 주님께 그대의 죄를 용서해 달라고 청하겠다." 이 말을 들은 산적은 즉시 무기를 버리고 성인의 무릎을 붙잡았다. 아폴로는 평화의 중재가가 되어 양측에게 각기 원래의 재산을 되돌려 주었다.

32

평화를 되찾은 그들은 집으로 돌아갔다. 그런데 그들의 지도자였던 용사는 성인을 따라가면서 약속이 이루어졌다는 증거를 달라고 졸랐다. 복된 아폴로는 그를 인근에 있는 사막으로 데려가서 그에게 신령한 가르침을 주고는 하나님께서는 그가 원하는 것을 주실 것이라고 말하면서 기다리라고 했다.

33

밤이 되었다. 두 사람은 똑 같은 꿈을 꾸었다. 꿈속에서 그들은 갑자기 그리스도의 심판대 앞에 섰고, 천사들과 의인들이 하나님 앞에 있는 것을 보았다. 이들 두 사람이 땅에 얼굴을 대고서 구세주께 찬양 예배를 드릴 때 거룩한 음성이 들려왔다. "빛과 어두움이 어찌 사귀며 믿는 자와 믿지 않는 자가 어찌 상관하리요(고후 6:14, 15). 이러한 광경을 보기에 합당치 않은 살인자가 어찌하여 의인과 함께 내 앞에 왔느냐? 친구여, 내게서 떠나가라. 이 미숙한 사람이 너로 인하여 죄 사함을 받았노라."

34

그들은 감히 말로 표현할 수 없고 귀로 들을 수 없는 많은 놀라운 일들을 보고 들었다. 잠에서 깨어난 그들은 서로 자신들의 꿈 이야기를 했다. 모든 사람들은 두 사람이 똑같은 이상을 본 것을 특별한 일이라고 생각했다. 그 사람은 살인자 생활을 청산하고 죽는 날까지 수도사들과 함께 지내면서 잘못된 생활을 고쳐갔다. 마치 늑대가 순한 양이 된 것 같았다.

35

"이리와 어린 양이 함께 먹을 것이며 사자가 소처럼 짚을 먹을 것이라"(사 65:25)는 이사야의 예언이 그에게서 성취된 것이다. 그곳에는 흑인들이 수도사들과 함께 금욕수행을 하고 있었으며, 그들 중 많은 사람들의 덕은 매우 뛰어났다. 그들에게서 "구스인은 하나님을 향하여 그 손을 신속히 들리로다"(시 68:31)라는 말씀이 이루어진 것이다.

36

또 한 번은 몇 명의 이교도인 마을 사람들과 기독교인들 사이에 경계선 문제로 논쟁이 벌어져서 양측에서 많은 사람들이 싸움에 참여했다. 이번에도 아폴로가 중재에 나섰다. 그러나 잔인한 이교도 측의 지도자는 자기가 살아있는 한 결코 화해하지 않겠다면서 그를 대적했다. 성인은 그에게 말했다. "당신 좋을 대로 하십시오. 그렇게 하면 다른 사람들은 무사하고 당신만 죽게 될 것이오. 당신은 죽어 땅에 묻히지 못하고 사나운 짐승들과 독수리가 당신의 살을 뜯어 먹을 것이오."

37

곧 그의 말대로 되었다. 양측에서 그 지도자만 빼고는 아무도 죽지 않았다. 사람들은 그의 시신을 모래로 덮어 주었다. 그러나 다음날 아침에 그의 시신은 독수리와 하이에나가 뜯어먹은 채로 발견되었다. 이 경이로운 일, 성인의 말대로 실현된 것을 본 사람들은 모두 구세주를 믿었으며, 아폴로를 선지자라고 선포했다.

38

이 일이 있기 얼마 전, 아폴로는 5명의 형제들과 함께 산속에 있는 동굴에서 살고 있었다. 그는 사막에서 나온 지 얼마 되지 않았고, 이 5명은 그의 최초의 제자들이었다. 부활절이 되었다. 그들은 하나님께 예배를 드린 후에, 그곳에 있는 것으로 식사를 했다. 그곳에는 마른 빵 몇 개와 소금에 절인 야채가 약간 있었다.

39

그 때 아폴로는 제자들에게 말했다. "나의 자녀들이여, 만일 우리에게 믿음이 있고 참된 그리스도의 아들들이라면, 각자 자기가 먹고 싶은 것을 하나님께 요청합시다."

40

그러나 그들은 자신이 그러한 은혜를 받을 자격이 없다고 여겼으므로 모든 일을 아폴로에게 맡겼다. 그리하여 아폴로는 밝은 얼굴로 기도를 했고, 그들은 모두 "아멘"이라고 화답했다. 밤중이었는데, 그들이 기도하자마자 그들이 알지 못하는 여러 사람들이 동굴 앞에 도착했다. 그들은 자신들이 먼 거리를 여행해 왔다고 말했다. 그들은 형제들이 들어보지도 못한 것들, 이집트에서는 자라지 않는 것들을 가지고 왔다. 온갖 종류의 낙원의 과일들, 포도, 석류, 무화과, 호도, 벌꿀, 그리고 신선한 우유 한 통, 커다란 대추야자를 가져왔고, 게다가 먼 나라에서 가져 왔는데도 아직 따뜻한 흰 빵도 있었다.

41

그들은 부유한 고관이 이것들을 보내주었다는 소식을 전하고는 서둘러 떠났다. 형제들은 오순절까지 이 양식을 먹으면서 배고픔을 면했기 때문에 기이하게 여기며 "진실로 이것들은 하나님께서 보내신 것이다"라고 했다.

42

어느 수도사가 자기가 은혜를 받을 수 있도록 기도해 달라고 아폴로에게 요청했다. 아폴로가 그를 위해 기도하니, 겸손과 온유함의 은혜가 그에게 임했다. 모든 사람들은 그가 받은 특별한 온유함에 놀랐다.

43

아폴로 가까이에 있었던 교부들은 이러한 기적의 이야기들을 우리에게 말해 주었고, 많은 형제들이 그들의 말을 확인해 주었다.

44

예를 들면, 얼마 전 테베 지방에 기근이 들었을 때 인근에 사는 사람들은 아폴로가 이끄는 수도사들의 공동체에 가면 기적적인 방법으로 음식을 먹을 수 있다는 소문을 듣고서, 부인과 자녀들을 거느리고 아폴로를 찾아와 자기들을 축복하고 양식을 달라고 요청했다. 이 교부는 앞으로 양식이 부족하게 될 것에 대해서는 전혀 염려하지 않고 찾아온 사람들에게 하루치의 양식을 주었다.

45

이윽고 빵은 세 바구니밖에 남지 않았다. 그러나 기근은 아직 계속되고 있었다. 그는 형제들에게 그날 먹을 빵 바구니를 가져오라고 한 뒤에, 모든 수도사들과 주민들이 참석한 가운데서 말했다. "주님의 손은 능력의 손이시니 이 빵들을 배飽로 만드실 것이다. 성령께서는 '우리가 새 밀로 충족하게 되기까지 바구니에서 빵이 떨어지지 않을 것이다'라고 말씀하셨다." 그곳에 있었던 사람들은 그 빵으로 모든 사람들이 넉 달 동안 먹고도 남았다고 확인해 주었다. 그는 기름과 밀을 가지고도 동일하게 행했다. 그러자 사탄이 그에게 나타나서 말했다. "네가 자신을 갖고 이런 일을 행하다니, 너는 엘리야이거나 선지자나 사도들 중의 하나가 아니냐?"

47

교부는 그에게 말했다. "어찌하여 그런 말을 하는가? 우리에게 그러한 일을 행할 수 있는 능력을 전해 준 거룩한 선지자들과 사도들 자신도 인간이 아니었는가? 하나님이 과거에는 계셨으나 지금은 여행을 떠나서 계시지 않는다는 말인가? 하나님에게는 능치 못한 일이 없으시므로, 하나님은 항상 이러한 일들을 행하실 수 있다(눅 1:37 참조). 하나님은 선하신데, 너는 어찌하여 악한가? 우리 자신이 목격한 것을 우리가 어찌 선포하지 않겠는가? 우리는 빵이 가득한 바구니들을 가지고 들어와 형제들의 식탁에 놓았고, 5백 명의 형제들이 양껏 먹은 후에도 바구니에는 여전히 빵이 가득한 것을 보지 않았는가?"

48

우리를 놀라게 한 또 다른 기적이 있었다. 우리 일행 중 세 사람이 아폴로를 방문하기 위해 길을 떠났다. 그런데 벌써부터 우리가 찾아올 것이라는 말을 아폴로에게서 들은 수사들은 멀리서 우리를 알아보았다. 그들은 시편을 노래하면서 뛰어 나와 우리를 맞이했다. 이것은 그들이 방문객들을 맞이하는 방법이었다. 그들은 우리 앞에서 땅에 얼굴을 대고 엎드려 입을 맞추고 나서 말했다. "사흘 전에 교부께서는 앞으로 사흘 후에 예루살렘에서 세 형제가 우리를 찾아올 것이라고 말씀하셨는데, 그분들이 이제 도착했다."

49

그들은 우리를 안내하면서 시편을 노래했다. 이윽고 우리는 성인이 있는 곳 가까이에 이르렀다. 노래 소리를 들은 아폴로 교부는 다른 형제들의 관습에 따라 우리를 맞이했다. 그는 우리를 보더니 먼저 땅에 완전히 엎드렸다. 그 다음에는 일어나 우리에게 입을 맞추었으며, 우리를 안으로 인도한 후에 우리를 위해 기도했다. 그리고 손수 우리의 발을 씻어준 후에 우리를 식사에 초대했다. 그는 자기를 찾아오는 모든 사람들에게 이렇게 행했다.

50

그와 함께 사는 사람들은 성찬을 받을 때가 아니면 전혀 음식을 먹지 않았다.11) 그들은 날마다 제9시에 성찬을 행했다. 그 후에 그들은 조용히 앉아서 새벽 1시까지 계명에 대한 교부의 가르침에 귀를 기울였다. 이 때 몇몇 사람은 사막으로 가서 밤새도록 성경을 암송한다. 나머지 사람들은 그곳에 그대로 남아 끊임없이 찬송하며 날이 밝을 때까지 하나님께 예배를 드린다. 나는 그들이 저녁에 찬송을 시작하여 아침까지 그치지 않고 노래하는 것을 보았다.

---

11) Cf. Cassian, *Institutes* Ⅵ I on the sin of *tristitia*. 제9시는 지금의 오후 3시경이다.

51

그들 중 많은 사람은 제9시에 산에서 내려와 성찬에 참석한 후에 곧바로 산으로 돌아가 다음날 9시가 될 때까지 영적 음식으로만 만족하며 지낸다. 그들 중 많은 사람들은 여러 날 동안 이렇게 행한다.

52

그럼에도 불구하고 그들은 사막 속에서 기쁨에 충만해 있으며 육신적으로 세상에서는 발견할 수 없는 만족을 느낀다. 그들 중에는 우울하거나 침울한 사람이 없다. 혹시 잠시 우울해 보이는 사람이 있으면, 아폴로는 그에게 이유를 묻고, 각 사람에게 그의 마음 속 은밀한 곳에 있는 것을 이야기해 준다.

53

그는 이렇게 말하곤 했다. "하늘나라를 유업으로 받을 사람들은 자기의 구원에 대해 낙심해서는 안 됩니다. 이교도들은 침울해 하고, 유대인들은 비탄에 잠기며, 죄인들은 애통해 하지만 의인들은 기뻐할 것입니다. 세상일에 몰두하는 사람은 세상적인 관심사를 기뻐합니다. 그러나 큰 소망을 소유할 자격이 있다고 생각되는 우리는 항상 기뻐해야 합니다. 사도 바울은 우리에게 항상 기뻐하며 쉬지 말고 기도하며 범사에 감사하라고 권면했습니다."

54

그는 놀라운 말씀의 은혜뿐 아니라 여러 가지 덕을 소유하고 있었다. 우리는 그가 가르칠 때나, 다른 사람에게서 그에 대한 말을 들을 때 말 없이 듣기만 했다.

55

그는 우리와 함께 있는 동안 수도생활에 대해서, 그리고 우리의 삶을 규제하는 방법에 대해서 많은 것을 가르쳐 주었다. 그는 종종 방문객들을 영접하는 것에 대해서 이야기했다. "우리를 찾아오는 형제들 앞에서 반드시 부복해야 합니다. 왜냐하면 우리는 그들을 영접하는 것이 아니라 하나님을 영접하는 것이기 때문입니다. 성서에서는 형제에게 한 것이 곧 하나님께 행한 것이라고 했습니다."12)

56

아폴로는 말했다. "이것은 아브라함으로부터 전해 내려온 관습입니다(창 18:2 참조). 그리고 우리는 천사들을 이런 방법으로 대접한 롯에게서 교훈을 받아 형제들에게 음식을 대접하여 원기를 회복하게 해주어야 합니다(창 19:1-3 참조)." 또한 그는 "수도사들이여, 가능하다면 날마다 그리스도의

---

12) 이것은 성경이 아니라 『성 안토니의 생애』에서 인용한 것이다. 루피누스는 이것을 마태복음 25:35로 바꾸었다.

성찬을 받으십시오. 그리스도의 몸과 피를 멀리하는 사람은 하나님을 멀리하는 것입니다. 성찬을 자주 받는 사람은 자주 구세주를 영접합니다. 주님은 '내 살을 먹고 내 피를 마시는 자는 내 안에 거하고 나도 그 안에 거하나니'(요 6:56)라고 말씀하셨습니다"라고 했다.

57

"그러므로 수도사들은 항상 마음속으로 구세주의 수난을 기억하며, 날마다 어느 때라도 그리스도의 몸과 피를 받을 준비를 갖추어야 합니다. 그렇게 함으로써 우리에게 죄 사함이 주어지기 때문입니다.

58

"교회법에 따른 금식일은 피치 못할 사정이 없는 한 범하지 말고 그대로 지켜야 합니다.13) 구세주께서는 수요일에 배반을 당하시고 금요일에 십자가에 달리셨습니다. 이러한 금식일을 지키지 않는 사람은 구세주를 배반하고

---

13) 4세기의 *Apostolic Canons*에서는 사순절 기간과 수요일과 금요일에는 금식을 하도록 규정했다. 이것을 어기는 경우 성직자들은 해임되며, 평신도들은 파문되었다. 그러나 2세기에 이미 『열 두 사도들의 교훈』(*Didache*)에서는 수요일과 금요일을 금식일로 규정했다(*Didache* VIII). 아폴로가 제시한 바 이 날들을 금식일로 지키는 이유에는 알렉산드리아의 피터의 유월절 서신의 내용이 반영되어 있다. "우리가 수요일과 금요일을 금식일로 지키는 것을 누구도 비난하지 말라. 왜냐하면 그것은 전통에 따라 합리적으로 규정된 것이므로 우리는 이 날에는 반드시 금식해야 한다. 유대인들이 주님을 배반하기 위해 공회를 개최한 것이 수요일이며, 주께서 우리를 위해 고난을 당하신 날이 금요일이다. 그러므로 그 날을 금식일로 지키는 것이다"(Pitra I p. 561).

십자가에 못 박은 일에 동참하는 자입니다. 그러나 만일 어느 형제가 금식일에 당신을 방문했는데 그가 원기회복을 위해 음식을 필요로 한다면, 당신은 그에게 음식을 대접해야 합니다. 그러나 그 형제가 음식을 먹기를 원치 않는다면 강요하지 마십시오. 우리 모두는 동일한 가르침을 좇고 있기 때문입니다."

59

그는 고행을 위해 쇠사슬을 차고 머리를 길게 기른 사람들을 호되게 비난했다.14) 그는 이렇게 말했다. "이런 사람들은 다른 사람들에게 자신을 나타내고 인정을 받으려 합니다.15) 그들은 은밀하게 금식하며 선한 일을 행하지는 않고 오히려 모든 사람들의 눈에 띄려고 합니다."

60

그의 가르침은 그의 생활 방법을 그대로 반영하고 있다. 과연 누가 그의 가르침을 완전히 기록할 수 있겠는가? 누구도 말이나 글로 그의 가르침을 공정하

---

14) 고행의 실천을 위해 쇠사슬을 몸에 두르는 관습은 시리아에서 더 보편적으로 행해졌던 것 같다. 이집트보다는 시리아에서 보다 엄격한 금욕고행이 실천되었다(cf. *Lausiac History*, vol I, p. 241; vol. II, p. 215, n. 69, p. 221, n. 81). 아폴로가 비난한 금욕고행자의 좋은 본보기가 로소스의 테오도시우스(Theodosius of Rhosos)이다. "그는 이러한 것들 외에도 목과 배와 양쪽 팔목에 쇳덩어리를 달고 다녔다. 또 그의 머리털은 발에 닿을 정도로 길고 엉켜 있었는데, 너무 길어서 허리에 감아 묶어야 했다"(*Philotheos* X 2, p. 438).

15) "사람을 기쁘게 하는 자"(엡 6:6 참조).

게 표현할 수 없을 것이다.

61

우리는 일주일 내내 그와 함께 지냈다. 그 동안 그는 가끔 우리와 개인적인 이야기도 나누었다. 우리가 떠날 때 그는 "서로 화평하게 지내십시오. 그리고 도중에 서로 헤어지지 마십시오"라고 말했다. 그런 다음 그는 자기와 함께 있는 형제들에게 우리의 다음 방문지인 교부들의 공동체까지 안내해 줄 사람이 없느냐고 물었는데, 거의 모든 형제들이 우리와 동행하겠다고 했다.

62

거룩한 아폴로는 그 중에서 말과 행동이 온전하며 그리스어와 라틴어와 콥트어를 잘 아는 세 사람을 선발했다. 그러고는 그들에게 우리가 모든 교부들을 방문하여 완전히 만족할 때까지 떠나지 말고 안내해 주라고 명령했다. 그러나 교부들을 모조리 방문하려면 일생 동안 여행을 해도 모자랄 것이었다. 그는 떠나는 우리를 축복해 주었다. "여호와께서 시온에서 네게 복을 주실지어다 너는 평생에 예루살렘의 복을 볼지어다."

아모운

1

우리는 한낮에 사막을 여행하다가 커다란 뱀이 지나간 흔적을 보았다.1) 모래 위로 통나무를 끌고 간 것 같았다. 그것을 본 우리는 겁에 질렸다. 우리를 안내하는 형제들은 두려워하지 말라고 하면서 용감하게도 뱀 자국을 따라갔다. 그들은 이렇게 말했다. "우리를 믿으세요. 우리가 그 뱀을 죽이겠습니다. 우리는 맨 손으로 많은 뱀과 독사들을 죽였고, '내가 너희에게 뱀과 전갈을 밟으며 원수의 모든 능력을 제어할 권세를 주었다'(눅 10:19)고 하신 성경 말씀이 우리 삶 속에서 이루어졌습니다."

---

1) 즉 "큰 용"(계 12:3-9; *megalou drakontos*). 수도원 운동이 시작되기 전에는 "용"이란 마귀를 가리키는 명사에 불과했다. 아타나시우스는 여러 가지 형태로 나타나 안토니를 공격한 마귀를 "용"이라고 불렀다. 그러나 *HM*에서 용은 실제의 뱀을 말한다. Cf. Theodoret, *Philiotheos* III 7.

2

우리는 그들의 말을 믿지 않았다. 우리는 완전히 겁에 질려서 그들에게 뱀을 따라가지 말고 여행을 계속하자고 간청했다. 그러나 형제들 중에 조급한 한 형제는 우리를 버려둔 채 그 괴물을 잡으려고 사막으로 달려가 버렸다. 멀지 않은 곳에서 둥지를 발견한 그는 뱀이 동굴 속에 있다고 소리쳤다. 그는 우리와 나머지 형제들에게 무서워하지 말고 앞으로 어떤 일이 일어나는지 와서 보라고 말했다.

3

우리는 겁에 질려 그 괴물을 보러 가고 있는데, 갑자기 한 형제가 나타나더니 우리의 손을 잡고 자기의 은둔처로 데려갔다. 그는 그 짐승은 우리가 한 번도 본 적이 없으므로 우리가 그 짐승의 공격을 견뎌내지 못할 것이라고 말했다. 그리고 자기도 그 괴물을 언젠가 본 적이 있는데, 그것은 길이가 15 규빗 이상이나 되었다고 말했다.2)

4

그는 우리에게 그곳에 그대로 있으라고 말한 후에, 괴물의 둥지 앞에 가 있는 형제에게 그곳을 떠나라고 말하러 갔다. 그 형제는 뱀을 죽일 때까지 그곳을 떠나지 않겠다고 고집을 부렸지만, 결국 이 형제가 그를 설득하여 데리고

---

2) 이 괴물의 길이는 약 6.7미터였다.

왔다. 그는 우리가 믿음이 부족하다고 불평하면서 돌아왔다.

5

우리는 그 형제와 함께 머물며 휴식을 취해 기운을 차렸다. 그의 은둔처는 약 1.6㎞쯤 떨어진 곳에 있었다. 그는 자신은 아모운$_{Amoun}$3)이라는 성인의 제자인데, 스승이 살던 곳에서 살고 있다고 말했다. 아모운은 그곳에서 많은 기적을 행했다.

6

강도들이 그의 빵과 양식을 훔쳐 가곤 했다. 어느 날 그는 사막으로 가서 커다란 뱀 두 마리를 불렀다. 그리고는 그것들에게 그의 수실 앞에서 문을 지키라고 명령했다. 언제나처럼 그의 수실 앞에 왔던 도둑들은 그 광경을 보고는 놀라 입을 다물지도 못한 채 땅에 엎드렸다.

7

아모운은 밖으로 나왔다. 그들은 거의 의식을 잃어 말도 하지 못하는 지경이었다. 그는 그들을 일으켜 세우면서 꾸짖었다. "당신들이 이 짐승들보다 더 잔인하다는 것을 알지 못하는가? 이 짐승들은 기특하게도 우리의 말에 순종

---

3) 아모운: 테베의 은수사라는 것 외에 달리 알려진 것이 없다.

한다. 그러나 당신들은 하나님을 두려워하지 않으며 기독교인들의 신앙을 존중하지도 않았다." 그런 다음 수실로 그들을 데리고 들어가서 음식을 대접하면서 새 사람이 되라고 권면했다. 그들은 즉시 회개하고 과거와는 전혀 다른 사람이 되어 그곳을 떠났다. 그로부터 얼마 후에는 그들도 역시 동일한 기적들을 행했다고 한다.

8

그는 이런 말을 해 주었다. "한번은 커다란 뱀이 인근에 있는 시골을 휩쓸고 다니며 많은 동물들을 죽였습니다. 사막 끝에 살고 있던 사람들 모두가 이 교부에게 와서 그 괴물을 없애 달라고 간청했습니다. 그러나 그는 그들을 도울 수 없었기 때문에 사람들은 낙심하여 떠났습니다."

9

"새벽에 그는 괴물이 항상 다니는 곳으로 가서 무릎을 꿇고 세 번 기도했습니다. 그때 뱀이 나타나서는 그에게 덤벼들었습니다. 그러나 그는 전혀 무서워하지 않고 뱀에게 말했습니다. '살아 계신 하나님의 아들 그리스도, 커다란 바다 괴물4)을 멸하시는 분께서 너도 멸하실 것이다.'"

10

"그가 이렇게 말하자마자 뱀은 입으로 피가 섞인 독을 모조리 내뿜고는 죽었

---

4) 계시록 20:1-3

습니다. 낮이 되었습니다. 농부들이 와서는 이 놀라운 광경을 보고 놀랐습니다. 또한 그 지독한 냄새가 나는 뱀을 모래로 덮었습니다. 뱀이 이미 죽었는데도 농부들은 그 옆에 다가가지 못했고 교부는 그들과 함께 그곳에 남아 있었습니다."

11

그는 이런 이야기도 해 주었다. "뱀이 아직 살아 있을 때의 일입니다. 어느 날 어느 목동이 그 뱀을 보고는 겁에 질려 쓰러졌습니다. 소년은 온종일 사막 근처 들판에 의식을 잃고 누워 있었습니다. 저녁 무렵 소년의 친척들이 그를 발견했는데, 혼수상태에 빠져 거의 숨도 쉬지 못하고 있었습니다. 소년이 이렇게 된 이유를 알지 못한 채 그들은 아이를 교부에게로 데려갔습니다. 교부가 기도하고 기름을 바르니, 소년은 의식을 회복하여 자신이 본 것에 대해 말해 주었습니다. 바로 이 일 때문에 성인은 그 뱀을 죽이기로 결심했던 것입니다."

코프레스

1

그리 멀리 떨어지지 않은 사막에 코프레스$_{Copres}$[1])라는 사제[2])의 은거처가 있었다. 그는 나이가 거의 90세나 된 거룩한 사람으로서 50명의 수사들을 지도하는 수도원장[3])이었다. 그 역시 병을 고치고 귀신을 내쫓는 등 놀라운 일을 많이 행했다. 우리도 그가 기적을 행하는 것을 직접 목격하기도 했다.

2

우리가 찾아가니까 그는 우리를 포옹하고는 우리를 위해 기도해 주었다. 그

---

1) 코프레스는 수도원 원장이자 사제였다. 나일 강을 운행하는 타벤니시오트 배의 선원 중에도 코프레스라는 사람이 있었다. 또 스케테에도 사부 코프레스라는 사람이 있었다(*Sayings of the Desert Fathers*, Copres).
2) 4세기에 이르러 사제(priest; *presbuteros*)라는 단어는 주교와 집사(deacon; 부제) 사이의 직분을 지칭하는 전문 용어가 되었다. 그러나 동시에 존경스러운 노인을 지칭하는 옛 의미로도 계속 사용되었다.
3) 5세기 중엽에는 superior(*bēgoumenos*)라는 단어가 공주수도원의 원장을 지칭하는 전문용어였다. 4세기에는 그것은 세속적으로나 교회에서 권위를 행사하는 사람을 지칭하는 일반 용어로 사용되고 있었다.

러고 나서 우리의 발을 씻겨주고 세상에서 벌어지는 일에 대해 우리에게 물었다. 우리는 그만의 고귀한 생활 규칙, 하나님께서 어떻게 그에게 신령한 은사들을 주셨는지, 그리고 어떤 방법에 의해 이러한 은혜를 받았는지 등에 대해 설명해 달라고 요청했다. 그 사제는 교만한 생각이 없이 자신의 생활 방법, 그리고 자기보다 훨씬 선한 사람들로서 모범적인 생활 방법을 실천했던 선임자들의 생활에 대해 말해 주었다. 그는 "자녀들이여, 우리 교부들이 수행한 생활 규칙과 비교해 보면 나의 업적은 전혀 놀라운 것이 아닙니다"라고 말했다.

파테르무티우스

1

코프레스는 파테르무티우스에 대해 다음과 같은 말을 해 주었다: "우리가 이곳에서 생활하기 전에 파테르무티우스라는 사람이 있었습니다.1) 그는 이곳에 최초로 정착한 수도사이며, 또한 수도생활에 관한 관습을 고안해 낸 분이기도 합니다. 회심하기 전, 그는 악명 높은 산적 두목이자 무덤을 도굴하던 이교도였습니다. 그런데 그가 어떤 기회에 회심하게 되었습니다."

2

"어느 날 밤, 그는 도둑질을 하려고 여자 은수사2)의 수실3)에 들어갔습니다.

---

1) 파테르무티우스에 대한 기록은 이것뿐이다. 아마 그는 이곳에 수도 집단을 세운 사람으로 간주되었던 듯하다. 초기의 많은 수도사들처럼 방랑하던 코프레스에 대한 과장된 전설들이 있다.
2) 이 은수녀는 방이 두 개 있는 조그만 집에서 혼자 살았다고 한다. 그러나 그 근처에는 교회가 있는 사제들의 공동체가 있었다.

"그는 여러 방법을 써서 지붕에 올라갔지만, 집안으로 들어가는 방법을 찾아내지 못했고, 그렇다고 해서 다시 내려올 방법도 없어서 아침까지 지붕 위에 있었습니다. 지붕 위에서 잠시 잠이 들었는데, 꿈속에서 황제처럼 생긴 사람이 그에게 말했습니다. '무덤들이나 이러한 하찮은 죄들에 대해 생각하면서 밤을 새지 말라. 만일 네가 생활 방법을 바꾸고 덕스러운 생활을 하며 천사들과 함께 군복무를 하기를 원한다면, 내가 너에게 그렇게 할 수 있는 능력을 주겠다.' 그는 흔쾌히 그 제안을 받아들였습니다. 황제는 그에게 수도사들의 연대를 보여주고는, 그를 그들의 지휘 하에 두었습니다."

3

"잠에서 깨어나 보니 은수녀가 그의 가까이에 서 있었습니다. 그 여인은 물었습니다. '선한 사람이여, 당신은 어디서 왔습니까? 당신은 어떤 사람입니까?' 그는 아무것도 모른다고 대답하고서, 그녀에게 교회로 데려다 달라고 부탁했습니다. 그녀는 그렇게 해 주었습니다. 그는 사제들의 발 앞에 꿇어앉아서 기독교인이 되어 회개할 기회를 얻고 싶다고 말했습니다."

4

"그가 어떤 사람인지 알고 있는 사제들은 깜짝 놀랐지만 그에게 권면을 하고

---

3) 내실(inner chamber; *to tamicion*): 이것은 마태복음 6:6에 기록된 우리의 기도 처소로 삼아야 할 골방(closet)을 말한다. 그러나 이 단어는 귀중품을 넣어두는 보고(寶庫), 혹은 저장실을 의미하기도 한다. 그렇기 때문에 파테르무티우스가 도둑질하려는 대상이 되었음이 분명하다.

이제 살인자가 아니라는 것을 가르쳐 주었습니다. 그는 사제들에게 시편을 들려 달라고 청했습니다. 그런데 시편의 처음 3절을 듣고서는 지금은 그것만으로도 충분하다고 말했습니다. 그는 사흘 동안 그들과 함께 지낸 후에 그곳을 떠나 사막으로 들어갔습니다. 그는 3년 동안 사막에서 살면서 기도와 눈물로 세월을 보냈습니다. 그 동안 그는 야생 식물들을 먹고 연명했습니다."

5

"그는 교회로 돌아와서는 그 교훈이 효과가 있었다고 밝혔습니다. 그는 하나님께서 자기에게 성경을 암송하는 은혜를 주셨다고 말했습니다. 그가 그처럼 높은 수준의 금욕수행에 이른 것을 보고서 사제들은 다시 한 번 크게 놀랐습니다. 그들은 그에게 세례를 베풀었고,[4] 그에게 자기들과 함께 지내자고 권했습니다."

6

"그는 그들과 함께 일주일을 보낸 후에 다시 사막으로 돌아갔습니다. 그는 사막에서 다시 7년을 보내면서 놀라운 은혜를 받았습니다. 주일마다 그의 머리맡에는 빵 한 덩이가 놓여 있었습니다. 그는 기도를 한 후 그것을 먹고

---

[4] 문자적으로는 "그를 조명해 주었다"(baptized him; *phōtisantes auton*)라는 의미이다. 2세기 초에는 "조명하다"(illuminated him)와 "세례를 주다"(baptized him)가 동의어로 사용되었다. 여기에서 파테르무티우스가 사막에 들어가 성서를 알게 된 후에 세례를 받았음에 유의하라.

다음 주일까지 지냈습니다."

7

"다시 사막에서 돌아온 그는 사람들에게 자기의 금욕수행의 증거를 보여줌으로써 그의 생활 방식을 따르고 싶은 자극을 받았습니다. 어느 청년이 그의 제자가 되려고 그를 찾아갔습니다. 파테르무티우스는 즉시 그에게 소매 없는 긴 옷을 입히고 머리에는 두건을 쓰게 하고 양가죽 외투를 걸치고 삼베로 허리띠를 매게 한 후에, 그를 금욕적 수도생활을 시작하게 했습니다. 그는 함께 수도생활을 하던 신자가 죽으면 그를 적절한 양식에 따라 매장한 후에 철야 기도를 했습니다."

8

그가 극진한 태도로 죽은 자의 장례를 치르는 것을 본 제자가 말했다. "스승께서는 내가 죽은 후에도 이런 식으로 나를 장사지내 주시겠지요?" 이에 "네가 충분하다고 말할 때까지 해 주겠다"라고 대답했다.

9

얼마 후에 이 청년이 죽었고, 그 말은 그대로 실현되었다. 파테르무티우스는 경건하게 장례를 치른 후에 모든 사람들 앞에서 죽은 청년에게 물었다. "아들아, 내가 너의 장례식을 잘 치렀다고 생각하느냐? 혹시 아직 부족한 것이 있느냐?" 죽은 청년은 "아버지여, 만족합니다. 당신께서는 약속을 지키셨습니다"라고 말했다. 장례식에 참석했던 많은 사람들이 죽은 청년이 말하는 소리를 듣고서는 깜짝 놀랐으며, 그가 행한 일에 대해 하나님께 영광을 돌렸다. 그러나 교부는 사람들의 칭찬을 피해 사막으로 물러갔다.

10

한번은 자신의 제자였는데 병을 얻어 그곳을 떠나간 형제들을 방문하기 위해 사막에서 나왔다. 하나님께서 그들 중 한 사람이 죽을 것이라고 계시해 주셨기 때문이다. 날은 저물어 가는데, 마을까지는 아직 갈 길이 멀었다. 그는 "빛이 있을 동안에 다니라"(요 12:35), "사람이 낮에 다니면 이 세상의 빛을 보므로 실족하지 아니하고"(요 11:9)라고 하신 구세주의 교훈을 실천하며 살았기 때문에 밤에 마을에 들어가고 싶지 않았다. 그래서 그는 지는 해에게 "주 예수 그리스도의 이름으로 내가 마을에 도착할 때까지 잠시 네 운행을 멈추어 주렴"이라고 말했다.

11

이미 지평선 위에 반쯤 걸려 있던 태양은 그대로 멈추어 그가 마을에 도착할 때까지 지지 않았다. 사람들은 태양이 여러 시간 동안 지지 않고 그대로 멈추어 있는 것을 보고서 놀랐다. 이윽고 교부 파테르무티우스가 사막에서 오는 것을 보고는 그들은 그에게 이 기적적인 일이 무엇을 의미하느냐고 물었다.

12

그는 "여러분은 믿음이 한 겨자씨만큼만 있으면 이보다 큰 것도 하리라(마 17:20; 요 14:12 참조)고 하신 주님의 말씀을 기억하지 못합니까?"라고 했다. 그들은 즉시 두려움을 느꼈다. 그리하여 그들 중 몇 사람은 그의 제자가 되었다.

13

파테르무티우스는 병든 형제의 집으로 갔다. 그러나 형제는 이미 죽어 있었다. 그는 침대로 다가가서 기도하고 그에게 입을 맞추고는 하나님께로 가는 것과 육신 안에 계속 사는 것 중에 어느 것을 원하느냐고 물었다.

14

그러자 죽었던 형제가 일어나 앉더니 "이 세상을 떠나 그리스도와 함께 있는 것이 더 좋습니다(빌 1:23). 내게는 육신 안에 살아남는 것이 중요치 않습니다"라고 대답했다. 그는 "나의 자녀여, 그렇다면 평화로이 잠드시오 그리고 나를 위해 그리스도께 중재해 주시오"라고 말했다. 그 형제는 다시 자리에 누웠고 곧 숨이 끊어졌다. 그곳에 있던 사람들은 모두 크게 놀라며 "이 사람은 진실로 하나님의 사람이다"라고 말했다. 파테르무티우스는 죽은 형제를 장사지내고 밤새도록 찬송을 했다.

15

그는 또 다른 병든 형제를 방문했다. 그 형제는 양심의 가책을 느끼고 있었기 때문에 죽음이 다가오자 몹시 괴로워했다. 이것을 보고 파테르무티우스가 말했다. "그대는 준비를 갖추지 못한 상태에서, 그대의 태만한 생활에 대한 기억들이 그대의 고발자가 된 상태에서 하나님 앞에 가려는가?" 그 형제는 이 세상에 조금 더 살 수 있도록 하나님께 기도해 달라고 애원하면서, 그렇게만 되면 새 사람이 되겠다고 말했다.

16

교부는 그에게 이렇게 말했다. "그대는 자신의 생명이 끝난 이제야 회개의 기회를 구하는가? 그대는 평생 동안 무엇을 했는가? 그대는 자신의 상처들을 고치지 못했을 뿐만 아니라, 다른 상처들까지 더 추가하려 하는가?" 그런데도 형제는 계속 그에게 기도를 청했다. 그는 병든 형제에게 말했다. "만일 그대가 자신의 생활에 더 이상 악을 더하지 않으며 진심으로 회개한다면, 그대를 위해 기도해 주겠다. 그분은 선하시고 오래 참으시는 분이시므로 그대가 조금 더 살면서 모든 것을 보상할 수 있게 해 주실 것이다." 형제를 위해 기도한 후에 그는 "보라. 하나님께서 너에게 이 세상에서 3년을 더 살 수 있게 해 주셨다. 너는 온 영혼으로 회개하라"고 말했다.

17

그런 후 그는 형제의 손을 붙잡아 일으켜 사막으로 데리고 갔다. 3년 정도 지나, 그는 그 형제를 다시 마을로 데리고 와서 그리스도께 바쳤다. 그 형제는 인간이 아니라 천사같이 변해 있었다. 모든 사람이 그의 초자연적인 능력을 보고 놀랐다. 형제들이 모였을 때 그는 완전히 건강한 상태인 그 형제 주위에 그들을 둘러앉히고 밤새도록 그들을 가르쳤다. 그러던 중 그 형제는 갑자기 잠이 마구 쏟아지는 것이었다. 그리고 그대로 잠이 들어 세상을 떠났다. 그는 그 형제를 위해 기도한 후에 적절히 장례식을 거행하고 그를 묻어 주었다.

18

그는 종종 나일 강을 걸어서 건너가곤 했는데, 그럴 때면 나일 강물이 그의 무릎까지밖에 오지 않았다고 한다. 또 한 번은 집의 문이 완전히 닫혀 있었는데, 그가 하늘을 날아 갑자기 형제들이 있는 이층 발코니에 모습을 나타냈다. 그는 종종 마음속으로 어느 곳에 가고 싶다고 생각하면 어느덧 그곳에 와 있곤 했다. 한 번은 형제들에게 자기가 사막에서 돌아오는 중에 환상 중에 하늘나라로 올라가서 진정한 수도사들을 기다리고 있는, 말로 표현할 수 없는 모든 선한 것들을 보았다고 말했다.

19

"또 그는 자기의 육체가 낙원으로 옮겨져서 많은 무리의 성도들을 보았다고 말하기도 했습니다. 그는 자신이 낙원의 과일들을 먹었다고 말하면서 그것을 증명해 주는 증거물을 보여주었습니다. 그는 자신의 말이 사실임을 증명하기 위해서 냄새 좋은 커다란 무화과를 제자들에게 가져가 보여주었습니다." 이 이야기를 해 준 코프레스 사제는 그 당시 청년이었는데, 파테르무티우스의 제자들의 손에 들고 있는 무화과를 보고 그것에 입을 맞추고 그 냄새에 탄복했다고 한다.

20

코프레스의 말에 의하면, 제자들은 여러 해 동안 그 교부가 낙원을 방문했다는 증거로 그것을 보관했다. 그것은 엄청나게 큰 무화과였다. 실제로 병자가 그 냄새만 맡아도 그 즉시 병이 나았다.

21

파테르무티우스가 사막으로 들어간 초기에, 5주일 동안 아무 것도 먹지 않았다. 그 때 그는 사막에서 물과 빵을 가지고 있는 사람을 만났다. 그 사람은 그에게 그것을 먹으라고 주고는 사라졌다. 또 한 번은 마귀가 그에게 순금이 가득한 바로의 보물 창고를 보여 주었는데, 그는 마귀에게 "네 은과 네가 함께 망할지어다"(사 8:20)라고 말했다.

22

코프레스는 이렇게 말했다. "교부 파테르무티우스는 표적과 기사를 행하면서 이런 일이나 이보다 더 큰 일도 행하셨습니다. '세상이 감당치 못하는'(히 11:38) 다른 훌륭한 분들도 우리 이전에 살았습니다. 우리와 같은 보잘 것 없는 사람들이 저는 자와 눈먼 자를 낫게 하는 것을 어찌 기사라 할 수 있습니까? 그것은 의사들도 자기들의 기술을 사용하여 행할 수 있는 일이 아닙니까?"

23

코프레스 교부가 우리에게 이런 이야기를 해 주고 있을 때 우리 일행 중 한 사람이 그의 이야기를 믿지 못하고 졸기 시작했다. 그는 꿈속에서 황금 글씨로 기록된 책을 그 교부가 들고 있는 것을 보았다. 교부 곁에는 머리가 흰 사람이 서 있었다. 그 사람은 위협적인 태도로 "너는 그 강론을 경청해 듣지 않고 졸고 있느냐?"라고 말했다. 그는 즉시 정신을 차려 코프레스의 말을 듣고 있는 우리에게 자신이 본 것을 라틴어로 말해 주었다.

24

코프레스가 우리에게 이야기를 해 주고 있을 때, 어느 농부가 모래를 한 삽 가지고 와서 그의 곁에 서서는 그의 설교가 끝나기를 기다렸다. 우리는 교부에게 그 농부가 무엇 때문에 모래를 가지고 왔느냐고 물었다.

25

교부는 이렇게 말해 주었다. "나의 자녀들이여, 우리 교부들의 업적에 대해 당신들에게 이야기하지 않겠습니다. 왜냐하면 우리가 내면적으로 교만해지고 우리의 상급을 잃을 가능성이 있기 때문입니다. 그러나 우리를 만나기 위해 그처럼 먼 길을 찾아온 여러분들의 열심 때문에, 그리고 여러분들의 덕성 함양에 도움이 되게 하기 위해서 하나님께서 우리를 통해서 섭리하여 행하신 일에 대해 설명하겠습니다.

26

"우리 주변의 땅은 척박합니다. 그 땅의 주인인 농부들은 씨를 뿌려 간신히 두 배로 수확할 뿐입니다. 왜냐하면 이삭 속에서 벌레가 자라 전체 곡식을 해치기 때문입니다. 우리로 말미암아 세례를 받고 교인이 된 농부들은 우리에게 수확을 위해 기도해 달라고 요청했습니다. 나는 그들에게 '만일 당신들에게 하나님을 믿는 믿음이 있다면, 이 사막의 모래에서도 열매를 거둘 수 있을 것입니다'라고 말해 주었습니다."

27

"그들은 한시도 지체하지 않고 우리가 밟고 다니던 모래를 웃옷에 담아 가지고 와서는 나에게 그것을 축복해 달라고 요청했습니다. 나는 그들의 믿음대로 되게 해 달라고 기도했고, 그 후에 그들은 그 모래와 옥수수를 섞어서 밭에 뿌렸습니다. 그런데 그 즉시 그 지역의 땅은 이집트의 어떤 지역의 땅보다 비옥해졌습니다. 그 결과 이렇게 하는 것이 그들의 관습이 되어, 매년 모래를 가지고 우리를 찾아옵니다."

28

"하나님께서는 많은 사람들 앞에서 나를 통해 또 한 번 큰 기적을 행하셨습니다. 언젠가 나는 도시로 가는 도중에 마니교5)도를 만났습니다. 그는 평민들을 미혹하고 있었습니다. 나는 공개적으로 그와 토론을 하였지만 그의 마음을 변화시킬 수 없었습니다. 그래서 나는 사람들에게 이렇게 말했습니다. '거리에 커다란 장작불을 지피시오. 그러면 우리 두 사람이 그 불 속으로 들어가겠습니다. 우리 중에서 상처를 입지 않는 사람이 참 신앙을 소유한 자일 것입니다.'"

29

"내 말대로 장작불을 지핀 후에 사람들은 우리 두 사람을 그곳으로 끌고 갔습니다. 그러나 마니교도는 '우리가 따로 따로 불 속에 들어갑시다. 당신이 제안을 했으니 먼저 들어가시오'라고 말했습니다. 나는 그리스도의 이름으로 십자가 성호를 긋고 나서 불 속으로 들어갔습니다. 나는 30분 동안 불 속에 있었는데, 그 동안 불길은 양쪽으로 갈라져서 전혀 나를 상하게 하지

---

5) 마니교는 3세기 말에 페르시아에서 이집트로 전파되었다.

않았습니다."

30

"이 기적을 본 무리는 소리를 치면서 마니교도에게 불 속으로 들어가라고 요구했습니다. 하지만 그는 두려워서 들어가려 하지 않았습니다. 그러자 군중들은 그를 붙잡아 불 속으로 밀어 넣었습니다. 결국 그는 온 몸에 심한 화상을 입었습니다. 그것을 본 군중들은 그를 도시에서 쫓아내며 '그 협잡꾼을 산 채로 태워 죽여라!'라고 소리쳤습니다. 그러고는 환호하면서 나를 호위하여 교회로 데려갔습니다."

31

"언젠가 나는 이교도들의 신전 곁을 지나가게 되었는데, 마침 그곳에서는 우상에게 희생 제사를 드리고 있었습니다. 나는 그들에게 이렇게 말했습니다. '정신을 소유하고 있는 너희들이 정신을 소유하지 않은 것에게 제사를 드린다면, 너희들의 정신은 이 우상들만큼도 못하게 될 것이다.' 그들은 내 말이 옳다고 판단하여 즉시 구세주를 믿고 나를 따랐습니다."

32

"나는 밭을 가지고 있었습니다. 그것은 나를 만나러 찾아오는 형제들을 위한 것이었습니다. 나는 밭을 가난한 사람에게 경작하게 했습니다. 그런데 이교도 한 사람이 그 밭에 들어와 야채를 훔쳐갔습니다. 그는 그 야채를 요리하려고 세 시간 동안이나 노력했지만 요리할 수 없었습니다. 그 야채들은 뜨거운 솥에 넣어도 처음 밭에 있던 상태 그대로 있었고 물도 전혀 따뜻해지지 않았습니다."

33

"그 사람은 죄를 뉘우치고 그 야채를 우리에게 가져왔습니다. 그리고는 자기의 죄를 용서해 달라고 애원하면서 기독교인이 되기를 원했습니다. 그때 몇 명의 형제들이 우리를 방문한 상태였습니다. 그 야채는 그들에게 필요했던 것이었습니다. 우리는 야채를 함께 나누어 먹으면서 우리들을 구원하시고 형제들에게 음식을 주신 하나님께 감사드렸습니다."

소우로우스

1

코프레스는 사부 소우로우스 Sourous에 대해서도 말해 주었다. "언젠가 경건한 금욕 수도사들인 사부 소우로우스,1) 이사야,2) 그리고 폴이 위대한 증성자 the confessor인 사부 아노우프 Anouph를 만나러 가는 도중에 강둑에서 우연히 만났습니다. 아노우프는 그들이 사는 곳에서 약 사흘을 걸어가야 하는 곳에 살고 있었습니다. 그들은 '우리는 그가 영적으로 얼마나 진보했는지, 그리고 하나님께서 그를 이 세상에서 어떻게 존귀하게 하시는지 살펴봅시다'라고 말했습니다."

2

사부 소우로우스가 말했다. "나는 하나님께 우리가 성령의 능력 안에서 지치지 않고 우리의 목적지에 도착하게 해 달라고 기도하겠습니다." 그가 기

---

1) *Sayings of the Desert Fathers*에서 언급된 파코미우스의 제자.
2) 니트리아에 이사야라는 이름을 가진 수도사가 있었다(*Lausiasc Histor* c. XIV).

도하자마자 항해할 준비가 완전히 갖춰진 보트 한 척이 눈에 띄었다. 그들은 강을 거슬러 여행했음에도 불구하고 눈 깜짝할 사이에 목적지에 도착했다.

3

이사야는 "친구들이여, 만일 그 교부가 우리 각 사람이 행한 금욕 수련에 대해 말하더라도 놀라지 말아야 합니다"라고 말했다.

4

폴은 "하나님께서는 사흘 후에 그 성인을 하늘로 데려가신다는 것을 우리에게 계시해 주시지 않았습니까?"라고 말했다. 그들이 가까이 다가오자 그 교부는 밖으로 나와 그들을 맞이하며 포옹했다. 폴이 교부에게 말했다. "당신이 이제까지 성취한 것에 대해 말씀해 주십시오. 당신은 사흘 후에는 하나님 나라로 갈 것입니다."

5

사부 아노우프는 이렇게 말했다. "당신들이 나를 찾아올 것과 당신들의 생활 규칙을 알게 하셨으니 하나님을 찬양하리로다." 그는 이들 세 사람의 업적에 대해 설명한 후에 자기 자신의 덕에 대해서도 이야기했다. "나는 예수를 믿기 시작한 후로 한 번도 거짓말을 하지 않았습니다. 나는 세상의 음식은 전혀 먹지 않았습니다. 왜냐하면 천사가 날마다 하늘의 음식으로 먹여 주었기 때문입니다. 또 내 마음 속에서 하나님 이외의 것을 향한 욕망이 일어난 적도 없습니다."

6

"하나님께서는 세상에 있는 것은 하나도 내가 알지 못하도록 감추시지 않으셨습니다. 항상 빛이 내 눈을 비추어 주었습니다. 나는 낮에 잠을 자지 않았고, 밤에도 하나님께 구하기를 쉬지 않았습니다. 천사가 항상 나와 함께 있으면서 내게 세상의 권세들을 보여 주었습니다. 내 지혜의 빛은 한 번도 꺼지지 않았습니다. 무엇이든 하나님께 구하면 즉시 주셨습니다."

7

"나는 수십만 명의 천사들이 하나님 앞에 서 있는 것을 종종 보았습니다. 의인들의 성가대도 보았고 순교자들의 무리도 보았습니다. 수도사들의 군대도 보았습니다. 나는 하나님을 찬양하는 모든 사람들이 행하는 일을 보았습니다. 또 사탄이 지옥 불에 던져지며 그의 사자들이 형벌을 받는 것도 보았습니다. 나는 영원토록 기쁨으로 충만한 의인들을 보았습니다."

8

"그는 사흘 동안 이 이야기 외에도 많은 이야기를 해 준 후에 세상을 떠났습니다. 천사들이 그 영혼을 영접했고, 순교자들의 성가대가 천국으로 인도했습니다. 교부들은 그 광경을 바라보며 찬송 소리를 들었습니다."

헬레

1

헬레Helle 라는 교부는 어려서부터 금욕적 수도생활을 해왔다. 그는 가끔 자기의 상의에 불을 담아서 인근에 있는 형제들에게 가져다주면서, 그들로 하여금 기적을 행할 수 있게 될 때까지 정진하라고 자극했다. 그리고 이렇게 말했다. "만일 그대들이 참된 금욕 수도생활을 한다면, 덕스러운 초자연적인 표적들을 보여 달라."

2

한번은 홀로 사막에 있을 때 불현듯 꿀이 먹고 싶었다. 즉시 그는 바위 밑에서 벌집을 발견했다. 그러나 그는 "제멋대로 행동하는 욕망이여, 내게서 떠나라. 성경에는 너희는 성령을 좇아 행하라 그리하면 육체의 욕심을 이루지 아니하리라(갈 5:16)라고 기록되었다"라고 말하고는 벌집을 그대로 두고 떠났다. "사막에서 3주일간 금식을 하는 동안, 길에 버려진 과일을 발견했습니다. 그러나 그는 '나는 저것을 먹지 않겠다. 나는 내 형제, 즉 내 영혼에 해를 입히지 않기 위해서 이것들을 전혀 건드리지 않겠다. 성경에는 사람이 떡으로만 살 것이 아니라(마 4:4; 눅 4:4)고 기록되었다'라고 말했습니다."

3

"그는 또 일주일을 금식하고 나서 잠이 들었습니다. 꿈에 천사가 나타나서는 "일어나서 아무 것이든지 네가 발견할 수 있는 것이면 먹어라"라고 말했습니다. 일어나서 주위를 둘러보니 샘이 있고 그 주위에는 푸른 식물들이 자라고 있었습니다. 그는 물을 마시고 채소를 먹었는데, 이제까지 이것만큼 맛있는 것은 먹어본 적이 없다고 말했습니다."

4

그는 그곳에서 작은 동굴을 발견하여 며칠 동안 아무것도 먹지 않은 채 그곳에서 지냈다. 그러다가 다시 음식이 필요하게 되어서 무릎을 꿇고 기도했다. 그 즉시 따뜻한 빵과 꿀과 여러 가지 과일을 포함하여 여러 종류의 음식이 그의 곁에 놓여졌다.

5

한 번은 그가 친 형제들을 방문하러 갔다. 그는 그들에게 권면을 한 후에 자신이 사용할 일용품들을 가지고 서둘러 사막으로 돌아왔다. 도중에 그는 몇 마리의 암나귀가 풀을 뜯어 먹는 것을 보고 그것들에게 말했다. "그리스도의 이름으로 부탁한다. 내게로 와서 내 짐을 대신 져다오." 그러자 그 중 한 마리가 즉시 달려 나왔다. 그는 자기의 짐을 나귀에게 싣고 자기도 올라탔다. 그리하여 하루 만에 동굴에 도착했다. 한 번은 그가 빵과 과일을 태양 볕에 말리고 있는데 항상 그곳에 오던 들짐승들이 그것들을 보고 달려왔다. 그런데 그 짐승들이 빵에 입을 대기만 했는데 죽고 말았다.

6

어느 주일, 그는 수도사들을 만나러 가서 그들에게 말했다. "왜 당신들은 오늘 예배를 드리며 성찬을 행하지 않습니까?" 그들은 강 건너편에 사는 사제가 오지 않았기 때문이라고 대답했다. 그는 "내가 가서 데려 오겠습니다"라고 말했다. 그러나 그들은 말하기를, 그 강이 깊기도 하지만 무엇보다도 그 강에는 커다란 악어가 살고 있어서 이제까지 많은 사람들을 잡아먹었다고 했다.

7

그러나 이 교부는 지체하지 않고 바로 강으로 뛰어들었습니다. 그러자 그 악어가 그를 태워 건너편에 데려다 주었습니다. 그는 사제를 만나 형제들의 공동체를 소홀히 하지 말라고 타일렀습니다. 그가 여러 곳을 기운 누더기를 입고 있는 것을 본 사제는 어디서 그런 옷을 찾아냈느냐고 물으면서 "형제여, 당신은 영혼을 위해 가장 아름다운 옷을 입고 있습니다"라고 말했다.

8

그는 이 교부의 겸손과 청빈함에 놀란 것이다. 그는 헬레를 따라 강으로 갔다. 그러나 배가 보이지 않자 헬레는 악어를 불렀다. 악어는 즉시 그에게 순종하여 등에 타라고 했다. 헬레는 사제에게 자기와 함께 악어 등에 타자고 했다.

9

그러나 사제는 악어를 보고는 겁에 질려 뒤로 물러섰다. 사제와 강 건너편에 살고 있는 형제들이 겁에 질려 지켜보는 가운데 결국 그는 악어를 타고 강을 건넜다. 건너편에 도착한 후에 그는 악어를 잡아 당겨 물에서 끌어내면서 "이제 너는 죽어 이제까지 네가 잡아먹은 많은 생명에 대해 보상해야 한다"고 하자 즉시 그 악어가 죽었다.

10

그는 형제들과 함께 사흘을 지냈다. 그는 그들 가운데 앉아서 계명에 대해서 가르치고 그들 각자가 지니고 있는 은밀한 고통들을 말해 주었다. 한 사람은 음란죄로 인해 괴로워하고 있고, 한 사람은 허영심으로 인해 괴로워하며, 또 한 사람은 방종함으로 인해, 그리고 또 한 사람은 분노로 인해 괴로워하고 있다고 말했다. 그는 어떤 사람의 악덕과 어떤 사람들의 덕을 자세히 알고 있었으며, 온유한 사람과 화평케 하는 사람도 구분해 냈다.

11

이 말을 듣고서 그들은 놀라며 "당신이 말씀하신 그대로입니다"라고 말했다. 그는 그들에게 "우리를 위해 채소를 준비하십시오. 내일 많은 형제들이 우리를 찾아올 것입니다"라고 했다. 그들이 식사를 준비하고 있는 동안에 형제들이 도착했다.

12

형제들 중 한 사람이 구원받기를 원하여 그와 함께 사막에서 살게 해 달라고 요청했다. 그는 그 형제가 악마들의 유혹을 견뎌낼 수 없을 것이라고 대답해 주었지만, 그 형제는 무슨 일이라도 참고 견디겠다고 약속했다. 그리하여 교부는 그 형제를 받아들였으며, 그에게 부근에 있는 동굴에서 살라고 했다.

13

한밤중에 악마들이 나타났다. 그것들은 처음에는 음탕한 생각으로 그 형제를 유혹해 본 후에 목을 조르려 했다. 그는 동굴에서 뛰쳐나가 헬레에게 자초지종을 말했다. 교부는 그곳 주위에 선을 긋고는 제자에게 앞으로는 두려워하지 말고 그 안에 있으라고 명령했다.

14

그들이 가지고 있는 빵이 거의 바닥이 날 무렵, 천사가 형제의 모습을 하고 동굴에 나타나서 먹을 것을 가져다주었다. 또 한 번은 열 명의 형제들이 양식을 갖지 않고 그를 찾아 나섰다가 일주일 동안 사막을 헤매게 되었다. 그들을 발견한 그는 그들에게 자기의 동굴에 들어와서 쉬라고 했다.

15

그들은 자기들이 이제까지 음식을 먹지 못했다고 말했다. 그런데 교부에게는 먹을 것이 전혀 없었다. 교부는 "하나님이 광야에서 능히 식탁을 준비하시랴"(시 78:19 참조)라고 말했다. 그 순간 문 앞에 잘 생긴 청년이 나타나서는 그들이 기도하는 동안 계속 문을 두드렸다. 문을 열어 보니 그 청년은 빵과 올리브가 든 커다란 바구니를 가지고 있었다. 그들은 그 바구니를 받아 하나님께 감사한 후에 그것을 먹었다. 청년은 바구니를 전해 준 후에 곧 사라졌다.

16

코프레스 교부는 이처럼 놀라운 이야기 말고도 이보다 훨씬 더 기이한 이야기들도 해 주며 매우 친절하게 대해 주었다. 그 후에 그는 우리를 정원으로 데려가서는 자기가 사막에서 친히 재배한 대추야자 나무와 여러 과수들을 보여 주었다. 사막도 열매를 맺을 것이라는 말을 그대로 믿고 따른 농부들의 신앙을 보고, 하나님을 믿는 사람을 위해 그 자신이 정원을 가꾸려는 생각을 하게 되었다. 그는 "그들이 모래를 뿌렸는데 그들의 땅이 비옥해진 것을 보고서 나도 똑같이 하여 성공했습니다"라고 말했다.

아펠레스

1

우리는 아코리스 Achoris[1])에 살고 있는 아펠레스 Apelles 라는 사제를 찾아갔다. 그는 과거에 대장장이였는데, 그 직업을 버리고 금욕 수도생활을 택한 의인이었다. 어느 날 그가 수도사들이 사용할 기구들을 만들고 있는데, 여인의 모습을 한 마귀가 그에게 다가왔다. 그는 뜨겁게 달아오른 쇳덩어리를 맨손으로 집어 그 여인의 얼굴과 온 몸을 지졌다.

2

형제들은 수실에서 나는 그 여인의 비명소리를 들었다. 그때부터 그는 맨손으로 뜨거운 쇳덩어리를 잡아도 손을 데지 않았다. 그는 우리를 반갑게 맞아주고 함께 지내면서 그때까지도 그곳에 살고 있었던 하나님께 합당한 자들에 대해서 말해 주었다.

---

1) 아코리스(Tehna)는 중부 이집트 나일 강 동편에 있다.

존

1

그는 존에 대해 말해 주었다. "이 사막에는 존1)이라는 사람이 있습니다. 그는 다른 시대의 사람인데, 덕에 있어서 우리 시대의 어느 수도사보다 탁월합니다. 그분은 항상 사막에서 이리저리 옮겨 다니기 때문에 그를 찾아내기는 쉽지 않습니다."

2

"그는 처음에는 3년 동안 바위 밑에 서서 계속 기도했습니다. 그 동안 앉지도 않고 자기 위해 눕지도 않았으며, 선 채로 잠시 눈을 붙이곤 했습니다. 그가 먹는 음식이라고는 주일마다 사제가 그에게 가져다주는 성찬뿐이었습니다. 그의 생활 규칙은 다른 것을 전혀 허용하지 않았습니다."

---

1) 은둔자 존은 리코폴리스의 존과는 다른 사람이다. 그는 금욕적인 초기 사막의 전통을 좇았다

3

어느 날 사탄이 사제의 모습을 하고서 그에게 성찬을 주려는 듯이 그에게 다가왔다. 복된 존은 그 정체를 알아내고는 이렇게 말했다. "오, 온갖 궤계와 악행의 아버지이며, 의의 원수여, 너는 기독교인의 영혼을 미혹하는 일을 그만두고 그리스도의 몸과 피를 공격해 보지 않으려느냐?"

4

마귀는 떠나가면서 이렇게 말했다. "나는 단지 너를 쓰러뜨리는 일에만 실패했다. 나는 네 형제들 중 하나를 미혹할 때 이런 방법을 사용했으며, 그가 정신을 잃으면 나는 그를 미치게 만들었다. 많은 의로운 사람들이 그를 위해 기도했으나 그가 제정신을 차리게 하지는 못했다."

5

그는 오랫동안 움직이지 않고 서 있었기 때문에 발은 부어서 갈라지고 썩어 고름이 흘렀다. 그때 천사가 나타나 그의 입을 만지면서 말했다. "그리스도는 너를 위한 참된 양식이요, 성령은 참된 음료수이다(요 6:55 참조). 얼마 동안은 이 영적 양식만 먹고 지내야 한다. 그렇지 않으면 체하여 토하게 될 것이다."

6

천사는 그의 상처를 치료해 준 후에 그곳을 떠나게 했다. 그날부터 그는 식물들을 먹으면서 사막을 이리저리 방랑하며 지냈다. 그러나 주일이면 항상 일정한 곳에서 성찬을 받았다.

7

그는 사제한테 야자 잎을 얻어, 짐을 나르는 짐승들에게 사용할 마구馬具를 만들었다. 이 교부를 찾아가서 고침을 받기를 원하는 절름발이가 있었다. 그는 나귀에 올라탔다. 그런데 이 성인이 만든 끈에 발이 닿는 순간 그는 병 고침을 받았다. 그는 병든 사람들에게 여러 가지 다른 선물들을 보냈는데, 선물을 받는 즉시 병자들은 병이 낫게 되었다.

8

한 번은 자기의 감독 하에 있는 은수사들 중 일부가 계율을 엄격히 지키지 않는다는 계시를 받았다. 그는 사제를 통해서 그들 모두에게 편지를 보냈다. 그 내용은 그들 중에 어떤 사람은 덕에 대한 열심이 있으나 어떤 사람은 미지근하다는 것이었다. 그의 말이 사실이라는 것이 드러났다. 그는 또 그들의 상급자들에게 편지하여, 그들의 대부분은 만족스럽게 행하고 있지만 일부는 형제들의 구원에 태만하다고 말하면서 각 사람이 받게 될 상급과 형벌을 밝혔다.

9

또 한 번은 그는 사람들에게 좀 더 완전한 삶에 이르려고 노력해야 한다고 말하면서, 감각적인 것들을 버리고 영적인 곳으로 나아가야 한다고 했다. "지금은 우리가 그러한 생활 방법을 증명해야 할 때입니다. 우리는 영원히 어린아이 상태에 머물러 있어서는 안 됩니다. 우리는 보다 완전한 생각을 하고, 결단력 있게 행동해야 하며, 고난을 통해 가장 위대한 덕을 이루어야 합니다."

10

그 교부는 이 성인에 대해서 이 밖에도 많은 놀라운 이야기를 해 주었다. 그것들은 너무나 엄청난 것이어서 모든 것을 기록할 수는 없었다. 그것들이 사실이 아니었기 때문이 아니라 그것에 대해 의심을 품는 사람들이 있을까 염려되었기 때문이다. 많은 위대한 교부들이 이러한 이야기를 우리에게 해 주었으며, 직접 우리의 눈으로 목격하기도 했기 때문에 우리들은 이 모든 것들이 사실이라고 확신하고 있다.

파프누티우스

1

우리는 파프누티우스 Paphnutius[1])가 은둔 수도를 하고 있는 곳도 찾아갔다. 그는 테베 지방의 헤라클레오폴리스 근처에서 사망한 위대하고 덕망 있는 분이다.

2

이 교부는 여러 해 동안 금욕적 수도생활을 한 후에, 고귀한 생활을 한 많은 성인들 중에서 자기가 누구를 닮았느냐고 하나님께 물었다. 그랬더니 천사가 나타나서 그에게 말해 주었다. "너는 어떤 도시에 살고 있는 피리 부는 사람을 닮았다." 이 교부는 서둘러 그 사람을 만나러 갔다. 그는 그 사람의 생활 방법에 대해 묻고 그의 금욕적 수련 방법을 자세히 살펴보려 했다.

---

1) 이집트에는 이 이름을 가진 수도사들이 여럿 있었다. cf. Cassian, *Conferences* XVIII 15l *Sayings of the Desert Fathers*, Paphnutius; *Lausiac History* c. XLVI. 여기에 등장하는 파프누티우스는 파이윰(*Fayyum*)의 헤라클레오폴리스 근처에서 생활한 은수사이다.

3

피리 부는 사람은 자신은 죄인이요 주정뱅이요 간음자로서 얼마 전에 산적 생활을 청산하고 피리 부는 사람이 되었다고 말했다. 이것은 사실이었다.

4

교부는 특별히 그가 어떤 선한 행동을 했는지를 물어 보았다. 그랬더니 그 사람은 산적 노릇을 하던 때 강도들의 무리에게 강간을 당할 뻔한 수녀를 구해서 밤중에 마을로 데려다 준 것 외에, 선한 행동을 한 것이 없다고 대답했다.

5

한번은 아름다운 여인이 사막을 방랑하는 것을 보았다. 그 여인의 남편이 세금2)을 체납했기 때문에 총독의 대리인과 시의원3)들에게 쫓기고 있었다. 그는 여인에게 왜 우느냐고 물었다.

---

2) 아마 여인의 남편은 자기에게 할당된 분량을 생산하지 못하여 개인적으로 부족한 양에 대해 책임을 져야했던 농부였을 것이다(cf. Milne, pp. 137-138).
3) 대리인들은 공적으로 월급을 받는 모든 기능직에 소속된 집행인이다. 모든 주요 도시에는 중요한 공직자들을 임명할 수 있는 위원회가 있었다.

6

그녀는 이렇게 대답했다. "내가 슬퍼하는 이유를 묻지 마시고, 원하신다면 나를 당신의 하녀로 삼아 어디든 데려가 주세요. 나의 남편은 지난 두 해 동안 금화 삼백 냥에 달하는 세금을 내지 못했기 때문에 가끔 매질을 당했습니다.4) 남편은 결국 감옥에 갇히고, 사랑하는 세 아이들은 노예가 되었습니다. 나는 이리저리 도망 다니고 있습니다. 지금은 사막을 방랑하고 있지만 발각되어 매질 당할 때가 있습니다. 나는 사흘 동안 아무것도 먹지 못한 채 사막에서 지냈습니다."

7

산적은 이렇게 말했다. "나는 그녀를 불쌍히 여겨 나의 동굴로 데려갔습니다. 그리고 그 여인에게 삼백 냥의 금화를 주고는 그 여인을 데리고 도시로 갔습니다. 그곳에서 나는 그녀뿐만 아니라 남편과 자녀들까지도 석방되게 해 주었습니다."

8

파프누티우스는 그 사람에게 말하기를 "나는 이런 일을 한 번도 해보지 않았습니다. 그러나 내가 금욕 수련에 관한 한 유명하다는 소문을 당신은 들었을

---

4) 디오클레티안의 화폐개혁 이후로 금화가 이집트의 표준 화폐가 되었다(cf. Milne, pp. 262-263).

것입니다. 나는 일생을 안일하거나 방종하게 보내지 않았습니다. 하나님께서는 덕행 성취에 관한 한 당신이 나보다 전혀 뒤떨어지지 않는다는 것을 내게 계시해 주셨습니다. 형제여, 하나님께서 당신을 그처럼 고귀하게 여기실진대, 태만하지 말며 당신 영혼의 운명을 우연에 맡기지 마십시오."

9

그 사람은 손에 피리를 들고 있었는데, 그 즉시 그것을 던져 버리고는 교부를 따라 사막으로 들어갔다. 삼 년 동안 전력을 다하여 수련 생활을 하고 항상 찬송과 기도를 하면서 지낸 후, 그는 천국을 향해 떠났다. 그는 성도들의 성가대와 의인들의 무리와 함께 안식했다.

10

이처럼 덕을 훌륭하게 실천하던 사람을 먼저 하나님 앞으로 보낸 후에, 그는 전보다 더 엄격한 생활 규칙을 세웠다. 그런 다음 다시 한 번 자신과 가장 닮은 성인을 계시해 달라고 하나님께 청했다. 이번에도 "너는 이웃 마을의 수령과 닮았다"는 거룩한 음성이 들렸다.

11

교부는 곧장 그에게로 갔다. 문을 두드리니 그 사람이 나와서 손님을 맞았다.

그는 교부의 발을 씻어주고 식사를 준비하여 교부에게 음식을 권했다. 교부는 그의 덕행 실천에 대해서 물었다. "친구여, 당신의 생활 방법에 대해 말해 주시오. 하나님께서는 나에게 당신이 많은 수도사들보다 더 높은 상태에 도달했다고 계시해 주셨습니다."

12

그 사람은 자기는 죄인이며 감히 수도사들과 비교될 수 없다고 말했다. 그러나 교부가 계속 졸라대자 "나 자신의 행위에 대해 절대로 말하고 싶지 않습니다. 그러나 당신이 하나님의 보내심을 받았다고 말씀하시니, 나의 생활 특성들에 대해 말씀드리겠습니다"라고 말했다.

13

"나는 30년 전에 아내와 헤어졌습니다. 나는 삼년 동안 그녀와 함께 살면서 아들 셋을 두었습니다. 이 아이들이 지금 나의 일을 도와주고 있습니다. 나는 오늘에 이르기까지 손님 접대하기를 끊임없이 실천했습니다. 마을에 사는 사람 중에 나만큼 빨리 나그네에게 쉴 곳을 제공하는 사람은 없을 것입니다. 내 집 앞을 지나가는 거지나 나그네에게는 반드시 음식을 주었습니다. 나는 가난한 사람을 만나면 꼭 그에게 무엇인가를 풍성하게 주었습니다."

14

"나는 사건을 다룰 때 결코 내 자식들의 편을 들지 않습니다. 다른 사람들의 물건을 내 집 안에 들여놓은 적도 없습니다. 나는 분쟁이 있으면 곧 화평을 되찾아 주었습니다. 나의 종들의 악한 행동을 나무라는 사람은 한명도 없었습니다. 나의 가축들은 다른 사람들의 곡식을 건드리지 않았습니다. 나는 내 밭에 먼저 씨를 뿌리지 않았습니다. 나는 내 밭들을 공동으로 이용하도록 했고, 그 나머지만 수확했습니다. 나는 부자가 가난한 사람을 압제하는 것을 허락하지 않았습니다. 나는 평생 한 번도 다른 사람의 기분을 상하게 한 적이 없습니다. 하나님의 뜻으로 말미암아 내가 행했다고 생각하는 것입니다."

15

이 사람의 말을 듣고서 파프누티우스는 그의 이마에 입을 맞추며 말했다. "'여호와께서 시온에서 네게 복을 주실지어다 너는 평생에 예루살렘의 복을 볼지어다'(시 128:5). 놀라운 업적입니다. 그러나 당신에게 한 가지 부족한 것이 있으니, 그것은 덕의 면류관입니다. 즉 하나님에 대한 지극히 지혜로운 지식이 부족합니다. 당신이 세상을 부인하고 십자가를 지고 구세주를 따르지 않는 한, 당신은 결코 이 지식을 얻지 못할 것입니다(마16:24; 막8:34 참조)." 그 사람은 이 말을 듣자마자 하던 일들을 버리고 교부를 따라 산으로 갔다.

16

그들은 강에 도착했다. 그런데 배가 없었다. 파프누티우스는 그에게 헤엄을 쳐서 강을 건너자고 했다. 그 강은 매우 깊었기 때문에 이제까지 아무도 그곳을 헤엄쳐서 건넌 사람이 없었다. 결국 그들은 강을 헤엄쳐서 건넜는데, 이상하게도 물이 그들의 허리밖에 오지 않았다. 강을 건넌 후 교부는 이 사람을 한 곳에 혼자 있게 한 후에, 두 사람 중에 누가 더 위대한지를 보여 달라고 하나님께 기도했다.

17

얼마 후, 파프누티우스는 그 의인이 천사들의 호위를 받으며 "주께서 택하시고 가까이 오게 하사 주의 뜰에 살게 하신 사람은 복이 있나이다"(시 65:4 참조)라고 하나님께 찬양하자 천사들이 "주의 법을 사랑하는 자에게는 큰 평안이 있으니"(시 119:165)라고 화답하는 것을 보았다. 파프누티우스는 이미 그가 세상을 떠났음을 알았다.

18

그런데도 파프누티우스는 계속 기도하고 금식을 하면서 하나님께 청했다. 그는 또 다시 자신이 누구를 닮았는지 알려 달라고 간청했다. 이번에도 거룩한 음성이 들려왔다. "너는 귀한 진주를 구하러 다니는 상인을 닮았다(마 13:45). 당장 지체하지 말고 일어나라. 너를 닮은 사람이 너에게 오고 있다."

19

그는 내려가서 경건한 기독교인인 알렉산드리아5)의 상인을 보았다. 그 사람은 사업상 이만 냥이나 되는 금화를 다루고 있었다. 그는 상부 테베에서부터 백 척의 배를 타고 내려오면서 가난한 사람들과 수도사들에게 자신의 재산을 나누어 주고 있었다.

20

그는 하인 편에 콩 10자루를 교부에게 올려 보냈다. 파프누티우스는 물었다. "이게 무엇입니까?" 상인은 대답했다. "이것들은 내가 사업에 종사하여 거둔 소득입니다. 나는 의인들의 원기 회복을 위해 그것들을 하나님께 바칩니다." 파프누티우스가 다시 물었다. "그런데 왜 당신은 수도사가 되지 않습니까?"

21

그 상인은 그렇게 하기 위해 열심히 노력하고 있는 중이라고 고백했다. 그 말을 듣고서 파프누티우스는 말했다. "당신은 얼마나 더 하늘의 것들을 손으로 만지지 않은 채 세상 일로 분주하게 지내렵니까? 이제 그것들을 다른 사람들에게 넘겨주고 나오십시오. 이 기회를 이용하십시오. 구세주를 따르

---

5) 나일 강을 운행하면서 콩을 판매한 사람. 나일 강 델타 지역에서의 콩 재배에 대해서 알려면 W. Willcocks, *Egyptian Irrigation*, London, 1889을 보라.

십시오. 머지않아 당신은 세상을 떠나 주님과 함께 거하게 될 것입니다."

22

그는 즉시 종들에게 자신의 재산을 가난한 사람들에게 나누어 주라고 명령했다. 그러고 나서 산에 들어가 동굴 속에서 지냈다. 그 동굴은 그의 선임자 두 명이 지내다가 죽은 곳이었다. 그는 끈질기게 하나님께 기도했다. 얼마 후 그는 세상을 떠나 천국 시민이 되었다.

23

파프누티우스는 이 사람까지 먼저 천국으로 보내고 나서 살고자 하는 의욕을 잃었다. 그는 이제 금욕 수련을 실천할 수 없었다. 그때 천사가 나타나서 말했다. "복 받은 자여, 오라. 영원한 하나님의 장막으로 들어오라. 선지자들이 너를 영접하기 위해 왔다. 나는 네가 혹시 교만해져서 상급을 잃을까 염려되어 이것을 미리 네게 알려주지 않았었다."

24

그가 계시를 받은 다음날 몇 명의 사제들이 그를 만나러 왔다. 그는 그들에게 모든 것을 말해 주고는 자신의 영혼을 맡겼다. 사제들은 그가 의인들의 성가대와 천사들과 함께 하나님께 찬양을 드리면서 하늘로 가는 것을 분명히 보았다.

피티리온

1

테베 지방에서 우리는 높은 산1)을 보았다. 그 산 밑에는 강이 있었다. 그곳은 험한 바위들이 많은 위험한 곳이었다. 우리는 그곳 동굴 속에서 살고 있는 수도사들을 방문했다. 그들을 지도하는 교부 피티리온Pithrion은 안토니의 제자였으며, 그의 뒤를 계승하여 장상이 된 두 번째 인물이었다. 그는 여러 가지 기적을 행했는데, 특히 귀신들을 몰아낸 것으로 유명했다.

2

그가 안토니와 그의 제자 암모나스Ammonas의 뒤를 이었으므로, 당연히 그들의 영적 은사들까지도 기업으로 물려받은 듯했다. 그는 우리에게 여러 가지 주제에 대해 이야기해 주었지만, 영들을 분별하는 것에 관해서는 특별한 권위를 가지고 말했다. 그의 말에 의하면, 정욕을 좇으며 우리로 하여금 종종

---

1) 피스피르(Der-dl-Memun)란 성 안토니가 수도생활을 했던 멀리 떨어진 곳에 있는 산이다.

악을 행하게 만드는 마귀들이 있다고 한다.

3

그는 "나의 자녀들이여, 귀신들을 내쫓기를 원하는 사람은 먼저 정욕들을 다스릴 줄 알아야 합니다. 정욕들을 소유하고 있는 귀신들을 쫓아내려면 한 걸음씩 정욕을 정복해야 합니다. 탐식을 따라다니는 귀신도 있습니다. 만일 여러분이 탐식을 억제하면, 그에 속한 귀신을 몰아내게 될 것입니다"라고 말했다.

4

그 성인은 일주일에 두 번, 주일과 목요일에 수프 조금과 옥수수를 먹고 살았다. 그는 체질상 다른 것을 먹을 수 없었다.

율로기우스

1

우리는 율로기우스Eulogius[1]라는 사제를 방문했다. 그는 하나님 제물을 드릴 때마다 큰 지식의 은사를 받았으므로 제단 앞에 나아오는 수도사들의 영적 상태를 알 수 있었다. 그는 제단 앞에 나아오려는 수도사들을 이따금씩 저지하면서 "악한 생각을 품고 있으면서 어찌 거룩한 성찬 앞에 나아오려는가? 형제여, 어젯밤 당신은 온통 간음이라는 음탕한 생각에 사로잡혀 지내지 않았소?"[2]라고 말하기도 했다.

2

그는 이렇게 말했다. "어떤 사람은 자신이 죄인으로서 하나님의 은혜에 접근하거나 의인으로서 접근하거나 별 차이가 없다고 생각합니다. 또 어떤 사람은 제물에 대해 의심을 품고서 '내가 제물에 나아간다고 해서 과연 그것이

---

[1] 율로기우스는 사제였다. 그런데 같은 이름을 가진 사람이 여럿 있었다. cf. *Lausiac History* c. XXI
[2] Cf. XX Dioscorus

나를 성화시켜 주겠는가'3)라고 말합니다. 거룩한 성찬을 잠시 받지 말고 당신의 죄 사함을 먼저 받고 그리스도의 성찬에 합당한 자가 되기 위해서 온 영혼으로 회개하십시오 먼저 생각을 깨끗하게 하지 않는다면 당신은 하나님의 은혜에 가까이 갈 수 없습니다."4)

---

3) 성찬에 대한 의심들은 이 책의 다른 곳에도 표현된다. cf. *Sayings of the Desert Fathers*, Daniel 7.
4) 하나님의 은혜란 곧 성찬을 의미한다.

이시도레

1

우리는 테베에서 이시도레 Isidore[1])의 수도원을 방문했다. 그 수도원은 사방이 높은 벽돌담으로 둘러싸여 있었는데, 그 안에는 천 명의 수도사들이 살고 있었다. 수도원 안에는 우물과 정원을 비롯하여 수도사들에게 필요한 모든 것들을 자급할 수 있도록 되어 있었다. 왜냐하면 그들은 절대로 수도원 밖으로 나가지 않았기 때문이다. 문지기는 그 수도원의 원로였는데, 그는 밖으로 나가는 것을 절대로 허락하지 않았으며, 평생 떠나지 않고 수도원 안에 머물기를 원하는 사람들만 들여보내 주었다.

2

대문 가까이에는 조그만 객사客舍가 있어, 방문객들은 밤에 그곳에서 지냈다.

---

1) 테베에는 이런 이름을 가진 사람이 많다. 버틀러는 이시도레라는 이름을 가진 6명의 수도사들을 열거했다(*Lausiac History*, vol. II, p. 185, n. 7). 여기에 기록된 사람은 특히 엄격한 봉쇄원칙을 준수하는 수도원의 원장이었다. 이곳에서는 방문객들은 문지기 외에 다른 수도사들과 접촉할 수 없었다.

아침이 되면 문지기는 그들에게 선물을 주고는 평화로이 자신의 길로 가게 했다.

3

형제들 중에 밖으로 나가 형제들에게 필요한 것들을 가져오는 원로는 단 두 명뿐이었다. 이들은 수도사들 각자가 하는 일들을 감독했다. 일생 동안 대문을 지키는 일을 맡고 있는 원로의 말에 의하면, 수도원 안에 있는 수도사들은 성인들이어서 기적을 행할 수 있으며 죽을 때까지 한 번도 병들지 않고 지낸다고 한다. 수도사들은 자신이 세상을 떠날 때가 되면, 다른 모든 사람들에게 그 사실을 알리고 누워서 잠자듯이 세상을 떠난다고 한다.

사라피온

1

아르스노에Arsinoë 지방에서 우리는 사라피온Sarapion[1]이라는 사제를 방문했다. 그는 약 만 명의 수도사들로 구성된 커다란 공동체의 지도자였다. 그는 공동체의 수고 덕분에 농업 경제를 꽤 성공적으로 꾸려갔다. 추수 때가 되면 수도사들은 그들 각자가 추수의 대가로 받은 곡식을 사라피온에게 가져왔는데, 매년 12아르타바스 *artabas*[2]나 약 40모디 *modii*가 되었다. 그들은 사라피온을 통해서 이 곡식으로 가난한 사람들을 구제했다. 그리하여 그 지방에는 빈곤한 사람이 없게 되었다. 심지어 알렉산드리아의 가난한 사람들에게까지 곡식을 보내 주었다.

---

[1] 사막에는 이런 이름의 수도사가 여럿 있었다. 사라피온의 시신은 안티노에에서 발견되었는데, 시신은 고행의 쇠사슬을 감은 채 매장되어 있었다(*Lausiac History*, vol. II, pp. 213-216, nn. 68-69).

[2] 노동자의 정상적인 임금은 한 달에 2-3 아르타바스(*artabas*)였으며, 추수의 대가로 성인 한 사람당 약 12 아르타바스를 받았다.

2

사실상, 우리가 이미 언급한 이집트 교부들 중에 이러한 형태의 청지기직을 태만히 한 사람은 아무도 없었다. 그들은 형제들이 수고한 덕분에 밀과 의복을 배에 가득 싣고 가서 알렉산드리아의 가난한 사람들에게 주었다. 왜냐하면 수도원 근처에는 가난한 사람들이 없었기 때문이다.

3

우리는 바벨론과 멤피스 주변 지방에서 높은 덕을 소유하고 있는 많은 위대한 교부들과 수많은 수도사들을 방문했다. 또 성경에 기록된 대로 요셉이 곡식을 저장해 두었던 곡식 창고도 구경했다.3)

---

3) 아마 요셉의 곡식 창고는 피라미드였을 것이다(cf. Rufinus, *HM* c. XVIII).

순교자 아폴로니우스

1

아폴로니우스 Apollonius[1])라는 수도사가 있었다. 그가 행한 많은 기적들은 그가 얼마나 성화된 생활을 하고 있었는지 보여준다. 그는 부제 직분을 맡고 있었으며, 모든 덕에 있어서 이제까지 살았던 어떠한 수도사보다 탁월했다.

2

박해가 진행되는 동안 이 교부는 자신의 그리스도에 대한 신앙을 증거한 증성자들 the confessors 을 격려해 주어, 그들 중 많은 사람들로 하여금 순교자가 되게 했다. 이윽고 그 자신이 체포되어 감옥에 갇혔는데, 그때 이교도들 중에서도 가장 천한 사람들이 그를 찾아와서 입에 담지 못할 욕설을 그에게 퍼부

---

[1]) 테베 지역에서 살았던 부제(副祭). 4월 10일자 순교사에는 "알렉산드리아의 거룩한 사제요 순교자인 아폴로니우스 외에 다섯 명이 막시미안 황제의 박해 때 바다에 던져 죽임을 당했다"고 기록되어 있다(Acta SS. IX 862-863). 여기에서는 이 아폴로니우스와 테베의 순교자 아폴로니우스가 혼동되어 있는 듯하다. 부제(deacon): 가톨릭 전통에서는 부제, 정교회에서는 보제(補祭), 개신교회 전통에서는 집사라고 해석된다. 그러나 4, 5세기에는 평신도가 아닌 부제로서 성직에 해당되는 직분이다.

었다.

3

그들 중에 피리 부는 사람이 있었다. 그는 방탕하기로 유명한 사람이었다. 그는 아폴로니우스를 경건하지 못한 사람이라고 모욕하고서, 또 모든 사람이 미워하는 사기꾼이며 협잡꾼이므로 속히 죽여야 한다고 말했다. 아폴로니우스는 그 사람에게 말했다. "친구여, 주께서 그대에게 자비를 베푸시며 그대가 한 말을 죄로 여기시지 않기를 원하노라." 피리 부는 사람의 이름은 필레몬이었는데, 성인의 말을 듣고서 양심의 가책을 느껴 괴로워하기 시작했다.

4

그는 즉시 판사에게로 달려갔다. 그는 사람들 앞에서 판사에게 이렇게 말했다. "재판관님, 당신은 하나님을 사랑하는 무죄한 사람에게 벌을 주는 불의한 일을 행하고 계십니다. 기독교인들은 옳지 않은 일을 하거나 악한 말을 하지 않습니다. 그들은 자신들의 원수까지도 축복합니다."

5

판사는 처음에는 그가 농담을 하고 있다고 생각했다. 그러나 그의 말이 진심이라는 것을 알고서는 그에게 말했다. "당신은 제정신이 아니예요." 그러자 피리 부는 사람은 "불의한 재판관이여, 나는 미치지 않았습니다. 나는 기독교인입니다"라고 대꾸했다. 재판관은 그곳에 모인 많은 사람들과 함께 그를 달래며 설득하려 했다. 그러나 그의 마음을 돌릴 수 없다는 것을 알고서는 그에게 온갖 고문을 가했다.

6

또 그는 아폴로니우스를 체포해서 사기꾼이라는 죄목으로 많은 고문을 가했다. 그러나 아폴로니우스는 "판사님, 당신과 이곳에 있는 모든 사람들이 나의 신앙을 따르게 해 달라고 기도했습니다"라고 말했다.

7

이 말을 들은 판사는 그들 두 사람을 사람들이 보는 앞에서 산 채로 불에 태워 죽이라고 명령했다. 불길이 이들을 감싸기 시작했을 때, 복된 아폴로니우스는 재판관과 모든 사람이 들을 수 있도록 큰 소리로 하나님께 기도했다.

"당신께 신앙을 고백한 영혼을 들짐승에게 주지 마시며, 우리에게 당신을 밝히 보여 주소서."

8

그러자 빛나는 안개 같은 구름이 임하여 그들을 덮고는 불을 꺼버렸다. 그곳에 모인 사람들과 재판관은 놀라서 "하나님은 한 분이시다. 기독교인의 하나님은 한 분뿐이시다"라고 소리쳤다.

9

그러나 어떤 악인이 알렉산드리아의 제독에게 이 사실을 알렸다. 제독은 잔인한 군사와 경관들을 보내어 판사와 필레몬, 그리고 그들과 함께 있었던 모든 사람들을 잡아오라 명했다. 그들은 아폴로니우스와 몇 명의 증성자들도 체포해 왔다.

10

체포된 그들이 길을 걷고 있을 때 아폴로니우스에게 특별한 은혜가 임했다. 그는 군인들에게 진리를 가르치기 시작했다. 그들도 역시 양심의 가책을 느끼고 구세주를 믿게 되었다. 그들은 모두 호민관에게로 갔다. 그들이 견고하게 신앙을 고백하는 것을 본 제독은 즉시 그들을 바다에 던지라고 명령했다. 그러나 그들은 이것을 세례의 상징이라 여겼다.

11

그들의 친척들은 해안에서 그들의 시신을 발견하여 하나의 무덤에 함께 장사지내 주었다. 그들은 그곳에서 많은 기적을 행했으며, 오늘날까지도 기적을 행하고 있다. 그 성인은 하나님의 은총을 받고 있었기 때문에 기도로 구하는 것은 모두 즉시 그에게 주어졌다. 구세주께서는 이런 식으로 그에게 상급을 베푸셨다.

12

우리는 순교자들의 성소 martyrium[2])에서 그와 동료 순교자들을 보고, 그곳에서 그들을 위해 기도했다. 우리는 하나님께 예배를 드린 후에, 테베에 있는 그들이 남긴 성유물들을 경이로운 마음으로 대했다.

---

2) 아폴로니우스와 빌레몬에 대한 기록에서는 그들이 안티노에서 참수된 후의 일에 대해 이렇게 덧붙인다. "경건한 사람들인 그들의 시신을 받아와서 성 아스클라스와 레오니다스가 매장된 곳에 정중하게 안치했다"(*Acta SS.* VI 755C; cf; H. Delehaye, *Les origines du culte des martyrs,* Brussels 1912, p. 253).

디오스코루스

1

우리는 테베에서 디오스코루스Dioscorus[1]라는 사제를 방문했다. 그는 백 명의 수도사들을 지도하는 교부였다. 그는 성찬을 받으려고 나오는 사람들에게 이렇게 말하곤 했다. "지난 밤에 여인의 모습을 생각했던 사람은 거룩한 성찬을 받지 마십시오. 특히 여인의 꿈을 꾼 사람들은 성찬을 받아서는 안됩니다."

2

상상 속에 등장하는 여인의 모습으로 인해 별다른 자극이 없이도 무의식적으로 사정射精하게 된다. 그것은 자연스러운 일이므로 죄로 여겨서는 안된다. 그러나 여인의 모습을 상상하는 것 자체는 고의적으로 선택하여 행하는 것이므로 악한 성향의 표식이다.

3

---

[1] 이 사람에 대해서는 그가 사제이며 수도원장이었다는 것 외에 알려진 것이 없다.

수도사는 자연법까지도 초월하며, 육체적으로 조금도 더럽혀지지 말아야 한다. 그는 육을 죽이며 정액이 지나치게 축적되지 않도록 해야 한다. 그러므로 금식을 계속함으로써 정액이 고갈되게 해야 한다. 그렇지 않으면 그것이 정욕을 일으킨다.

4

수도사는 정욕과 관련된 것은 하나도 소유해서는 안 된다. 그렇지 않고서야 어찌 세상 사람들과 다르다고 하겠는가? 평신도들도 자신들의 건강을 위해서 혹은 다른 합리적인 동기로 인해 쾌락을 억제한다. 하물며 우리 수도사들은 영혼과 정신과 영의 건강을 더욱 돌보아야 하지 않겠는가?[2]

---

[2] 동방에서의 몽정에 대한 교회법에 대해서는, Timothy of Alexandria, *Questions and Answers* 12를 보라: "평신도가 자기 마음속에 있는 여인에 대한 고의적인 갈망 때문에 몽정을 했다면, 성찬에 참여하지 말아야 한다. 그러나 몽정의 이유가 마귀의 시험 때문이라면 성찬에 참여해도 좋다." 알렉산드리아의 디오니시우스도 같은 말을 했다. 존(John the Faster)은 보다 엄격하여 모든 경우에 성찬에 참여할 수 없다고 했다. 아타나시우스는 아모운에게 보낸 편지에서 몽정을 죄로 간주해서는 안 되는 자연적인 현상으로 취급한다. 디오스코루스는 티모시와 디오니시우스의 견해를 채택했는데, 그것은 4세기 이집트의 표준적인 견해를 반영한다.

니트리아의 수도사들

1

우리는 니트리아Nitria[1])에서 묵으면서, 위대한 은수사들을 많이 만나 보았다. 그들 중에 일부는 그 지방 태생이고, 나머지는 외국인이었다. 그들은 덕에 있어서 뛰어났으며, 금욕 실천에 있어서 모든 덕의 증거를 보이려고 서로 경쟁했으며, 생활에 있어서 서로 앞지르려고 애썼다.

2

어떤 사람은 묵상에 전념하고, 어떤 사람은 적극적인 생활에 전념했다. 그들 중 일부는 멀리서 우리가 오고 있는 것을 보고 물을 가지고 와서 우리를 맞아 주고, 어떤 사람은 우리의 발을 씻어 주었고, 또 어떤 사람은 우리의 옷을 세탁해 주었다. 어떤 사람은 우리에게 음식을 제공해 주었고, 어떤 사람은 덕에 대해 가르쳐 주었으며, 어떤 사람은 묵상과 하나님의 지식에 대해 가르

---

1) 니트리아는 나일 강의 지류 근처 알렉산드리아에서 남쪽으로 40마일 거리에 있는 지역이다. 이곳은 북쪽으로는 델타 지역 쪽으로 뻗어있는 황무한 곳이다. Cf. White, pp. 17-42.

쳐 주었다. 그들은 자신이 가지고 있는 능력을 우리를 위해 사용하려 했다. 그들의 덕에 대해서는 누구도 정확히 말할 수 없다.

3

그들은 사막에서 서로 어느 정도의 거리를 두고 수실을 짓고 살았다. 그러므로 어느 누구도 멀리서는 다른 사람을 알아보거나 목소리를 들을 수 없었다. 그들은 깊은 침묵 속에서 살았다. 그들은 토요일과 주일에만 교회에서 서로 만났다.2) 이렇게 예배 때에만 만났기 때문에, 때로는 수도사가 자기의 수실에서 죽은 것을 나흘 동안이나 알지 못하는 경우도 있었다.

4

어떤 수도사들은 너무 멀리 떨어진 곳에 살고 있어서 예배에 참석하려면 3, 4마일을 걸어와야 했다. 그들은 서로 극진히 사랑했고, 자신들과 소속이 다른 수도사들도 사랑했다. 많은 사람들이 그들과 합류하여 구원을 얻으려고 그들에게로 오면, 그들은 자신의 은둔처를 그들에게 임시 수실로 쓰도록 내어주기도 했다.

---

2) 매주 토요일과 주일에 성찬예배를 거행하기 위해 모인 전통에 대해서 알려면 Cassian, *Institutes* II 18, and Veilleux, pp.234-5, 248을 보라.

5

나는 그곳에서 사부 암모니우스 Ammonius 3)를 방문했다. 그는 마당과 우물을 비롯하여 여러 가지 필요한 것들을 갖춘 아름다운 수실4)들을 가지고 있었다. 한 번은 어느 형제가 구원을 얻기를 갈망하여 그를 찾아왔다. 그는 암모니우스에게 자신이 살 수실을 배정해 달라고 요청했다. 암모니우스는 즉시 밖으로 나가더니 그 형제에게 필요한 것을 찾을 때까지 이 수실들을 떠나지 말라고 말했다. 수실들은 물론이요 자기가 가진 것을 그에게 모두 주고 자신은 약간 떨어진 곳에 있는 조그만 수실에 들어가서 지냈다.

6

구원 받기를 원하여 찾아오는 사람들이 많을 때는 공동체의 형제들을 모두 소집하여 벽돌 나르는 일이나 물 나르는 일 등을 나누어 작업하여 하루 만에 새로운 수실들을 완성하기도 했다.

---

3) 암모니우스는 4명의 장신 형제들(Tall Brothers) 중 한 사람이다. 나머지는 유세비우스, 유티미우스, 그리고 이미 헤르모폴리스 파르바의 감독이었던 디오스코루스이다. Cf. Socrates, *HE* VI 7, and *Lausiac History* c.x.

4) 혹은 "켈즈"일 수도 있다. 니트리아의 아모운이 세운 고요한 은거지이다. 이곳은 스케테로 가는 길목에 있는 니트리아인들의 정착지에서 남쪽으로 약 12마일 떨어진 곳이다. Guillaumont이 이 수도원을 발굴했던 것 같다. A. Guillaumont, 'Les fouiles françises des Kellia 1964-9' in R. McL. Wilson, *The Future of Coptic Studies*, Leiden 1978, pp. 206-207을 보라.

7

수도원에서 살기로 작정한 사람들은 교회에 모여 애찬을 행했다. 그들이 모여 즐거운 시간을 보내는 동안에 형제들은 각기 자기의 외투나 바구니에 빵 등 적당한 물건들을 담아다가 새로 수도사가 되려는 사람의 수실에 가져다 놓았다. 그렇게 함으로써 누가 어떤 선물을 주었는지 알 수 없게 하였다. 저녁에 새로 수도 생활을 하기로 작정한 사람은 자신의 수실에 돌아가서 자신에게 필요한 것들이 있는 것을 발견하고는 깜짝 놀란다.

8

우리는 그곳에서 교부 디디무스 Didymus 5)를 만났다. 그는 잘생겼으며 나이가 많았다. 그는 전갈이나 독사들을 맨발로 밟아 죽이곤 했다. 다른 사람은 절대로 이런 일을 할 수 없었다. 많은 사람들이 디디무스를 흉내 내다가 죽고 말았다.

9

크로니데스 Cronides 6)라는 교부는 110세였다. 그는 안토니의 동료였다. 그는 우리에게 많은 권면과 영적 강론을 해 주었다. 그는 겸손하여 자신을 하찮은

---

5) 이 사람은 눈먼 디디무스와는 다른 사람이다(*Lausiac History* c. IV).
6) 크로니데스는 성 안토니의 동료이다. Cf. *Lausiac History* c. XXI and *Letters of Ammonas* c. XXIX.

존재로 여겼다.

10

우리는 세 명의 형제들을 만났다. 그들은 대단히 고귀한 생활을 했기 때문에 주교가 되라는 요청을 받았다. 그러나 그들은 신앙심을 지키려는 마음에서 자신의 귀를 베어버렸다. 비록 그들의 동기는 선한 것이었지만 이는 엄청난 일이었으므로, 그 후로 아무도 그들을 괴롭히지 않았다.[7]

11

에바그리우스Evagrius[8]는 지혜롭고 유식한 사람이었다. 그는 다른 사람들의 생각을 알아내는 능력이 있었다. 그는 알렉산드리아로 가서 이교도 철학자들과 토론을 하곤 했다.[9]

---

[7] 381년에 알렉산드리아의 티모시가 암모니우스를 성직에 임명하려 했을 때의 일이다. *Apostolic Canon* 22조에서는 스스로 자기 몸을 불구가 되게 만든 사람은 성직자가 될 수 없다고 규정한다. 또 24조에서는 스스로 자기 몸을 불구로 만든 평신도는 3년 동안 성찬에 참여하지 못한다고 규정한다. 바로 이 규정 때문에 이 형제들의 행동은 매우 대담한 행동인 것이다.

[8] 여기에서는 에바그리우스를 크게 칭찬하고 있다. 그는 이집트의 오리겐주의자들의 중심인물로서 니트리아에서 살았다. 그는 팔라디우스의 친구였다. Cf. *Lausiac History* c. XXXVIII. 그는 346년에 폰투스에서 태어나 마카리우스의 제자가 되어 니트리아와 켈즈에서 살았다. 이곳에서 팔라디우스와 알게 되었다. 그는 399년에 사망했다. Cf. A. and C. Guillaumont, 'Evagre le Pontique" in *DS* IV 1731-44.

[9] 에바그리우스가 콘스탄티노플에서 벌어진 이단자들과의 논쟁에서 변증 능력을 인정받아 유명해졌다는 것은 있을 수 있는 일이다.

12

이 교부는 우리와 함께 있는 형제들에게 물로 배부르게 하지 말라고 권면했다. 그는 "마귀들은 종종 물이 많은 곳에 내려 앉습니다"라고 말했다. 그는 그 밖에도 금욕적 수도생활에 대해 많은 것을 가르쳐 주어 우리 영혼을 튼튼하게 해 주었다.

13

그들 중 많은 사람들은 빵도 과일도 먹지 않고 상추만 먹었다. 또 어떤 사람들은 밤에 잠을 자지 않고 아침까지 앉거나 서서 계속 기도했다.

마카리우스

1

그곳에 살고 있는 많은 교부들은 우리에게 안토니의 제자인 마카리우스 Macarius[1])에 대해 이야기 해 주었다. 그는 바로 얼마 전에 사망했다고 했다. 마카리우스도 안토니처럼 많은 기적과 치유와 능력을 행했으므로 그것들을 모조리 이야기한다는 것은 불가능하다. 그러나 우리는 그의 업적들 중 몇 가지를 간단히 이야기해 보겠다.

2

한 번은 교부 안토니가 야자 잎을 가지고 작업을 하고 있었다. 마카리우스는 안토니 곁에 놓여 있는 좋은 야자 잎을 보고는 한 다발만 달라고 요청했다. 안토니는 "성경에는 '무릇 네 이웃의 소유를 탐내지 말지니라'(출 20:17;

---

1) 이집트인 마카리우스 cf. *Lausiac History* c. XIII, *Sayings of the Desert Fathers*, Macarius. 마카리우스는 300년경에 태어나 30세에 수도사가 되어 위대한 성 안토니의 지도를 받았다. 그는 팔라디우스가 이집트에 도착하기 1년 전, 그리고 이 방문이 있기 5년 전에 세상을 떠났다(*Lausiac History* c. LXIX). 두 명의 마카리우스에 대한 이야기들은 여기에서처럼 이따금 혼동된다.

신 5:21 참조)고 기록되어 있다'고 말했다. 그가 이렇게 말하자 야자 잎들은 마치 불에 탄 것처럼 시들어 버렸다. 이것을 보고 안토니는 마카리우스에게 말했다. "보라. 내 혼이 너를 의지하러 왔노라. 이제 너는 내가 받는 은혜를 물려받게 될 것이다."

3

이 일이 있고나서 얼마 후, 마귀는 마카리우스가 사막에서 기진맥진해 있는 것을 보고 그에게 말했다. "보시오. 당신은 안토니의 은혜를 물려받지 않았습니까? 어찌하여 이 특권을 이용하여 하나님께 양식과 여행할 힘을 달라고 구하지 않습니까?" 마카리우스는 이렇게 대답했다. "여호와는 나의 능력과 찬송이시다(시 118:14). 너는 하나님의 종을 시험해서는 안 된다."

4

그러자 마귀는 사막에서 길을 잃은 낙타에 온갖 종류의 유익한 양식들이 실려 있는 신기루를 만들어 냈다. 이 낙타는 마카리우스를 보고 그의 앞으로 와서 멈추었다. 마카리우스는 이것이 환상이라는 것을 알아채고 하나님께 기도하기 시작했다. 그 즉시 땅이 낙타를 삼켜 버렸다.

5

한번은 오랫동안 금식하며 기도한 후에 그는 얀네스Jannes와 얌브레스Jambre s[2])가 사막에 참 낙원을 모방하여 만들었다는 낙원을 보여 달라고 하나님께 청했다.

6

그는 3주일 동안 아무것도 먹지 못한 채 사막을 방랑하여 거의 기절할 지경에 이르렀는데, 그때 천사가 그를 그 낙원 가까이로 데려갔다. 낙원의 입구에는 마귀들이 지키고 있었는데, 그를 들어가지 못하게 했다. 그 동산은 매우 넓었다.

7

그는 기도를 한 후에 담대한 마음으로 마귀들을 물리치고, 그 동산에 들어가는 데 성공했다. 동산 안에서 그는 두 명의 성인을 보았다. 그들도 마카리우스와 같은 방법으로 그곳에 들어와서 상당 기간을 지내고 있었다. 그들은 기도를 한 후에 서로 포옹을 하며 만나게 된 것을 기뻐했다. 그들은 그의 발을

---

2) Cf. Patermuthius, X 21, p. 85. 이들 두 사람의 이집트 마술사들은 모세가 행한 기적들을 모방했으며, 세상의 낙원을 만들었다; cf. 출 7:11-12; 딤후 3:8), Origen, *Commentary of St Matthew, Series* 117. 여기에 기록된 바 마카리우스와 두 명의 벌거벗은 성인들에 대한 이야기는 알렉산드리아인 마카리우스가 낙원을 방문했다는 이야기와 뒤섞여 있다.

씻어주고 나서 그의 앞에 낙원의 과일을 가져다 놓았다. 그는 그 과일들의 크기와 다양한 색깔에 놀라면서 그것들을 먹고 하나님께 감사를 드렸다. 그들은 "수도사들이 모두 이곳에 있다면 얼마나 좋을까!"라고 서로 말했다.

8

그의 말에 의하면, 낙원 한가운데 커다란 샘물이 세 개가 있었다. 그곳에서 물이 솟아나와 동산 및 동산에 있는 커다란 나무들에게 물을 공급했다. 이 커다란 나무에는 하늘 아래 존재하는 온갖 종류의 과일들이 많이 달려 있었다.

9

마카리우스는 그곳에서 7일 동안 지낸 후에 정착 지역으로 돌아가서 수도사들을 데려와도 되느냐고 물었다. 그 성인들은 그것은 불가능하다고 대답했다. 그 사막은 방대한 황무지인데다가 사방에 많은 마귀들이 있어서 수도사들로 하여금 길을 잃게 하고 죽게 하기 때문에 그곳을 방문하려던 많은 사람들이 결국 목숨을 잃었었다.

10

그러나 마카리우스는 더 이상 그곳에 머물러 있을 수 없어서 "그들을 데려와서 그들도 이 기쁨을 누리게 해 주어야겠습니다"라고 말하고는 서둘러 정착 지역을 향해 출발했다. 그는 자기가 낙원에 갔었다는 증거로 과일 몇 가지를 가지고 떠났다. 그는 야자나무 가지 큰 다발을 가지고 가면서 돌아올 때 길을 잃지 않기 위해 사막에 표시를 해 두면서 나아갔다.

11

그는 사막에서 잠시 잠이 들었다. 잠에서 깨어난 그는 자기가 꽂아 놓았던 야자나무 가지들을 마귀들이 모두 거두어서 자신의 머리 곁에 놓아둔 것을 보았다. 그는 자리에서 일어나면서 이렇게 말했다. "만일 하나님의 뜻이라면, 너희들은 내가 낙원에 들어가는 것을 방해하지 못할 것이다."

12

마카리우스는 정착 지역에 도착한 후에 수도사들에게 그 과일들을 보여주면서 그들에게 낙원으로 가자고 권했다. 많은 교부들이 그의 주위에 모여와서 말했다. "혹시 우리 영혼을 파괴하기 위해 이 낙원이 존재하는 것은 아닐까요? 만일 우리가 이 세상에 있는 동안 낙원에 들어가 즐거움을 누린다면, 세상에서 우리의 몫인 선한 것들을 받게 되는 것입니다. 그렇다면 장차 하나님 앞에서 우리에게 무슨 상급이 있겠습니까? 우리의 어떤 덕에 대해 하나님께서 보상해 주시겠습니까?" 이렇게 말하면서 그들은 마카리우스에게 그곳으로 돌아가지 말라고 권면했다.

13

한번은 누군가가 그에게 신선한 포도를 보내왔다. 그는 그것이 먹고 싶었지만 참았다. 그리고 포도를 좋아하는 아픈 형제에게 그것을 보냈다. 그 형제는 포도를 받아 기뻤으나 자신의 자제력을 남에게 보이지 않기 위해서 식욕이 전혀 없는 척하며 그것을 또 다른 형제에게 보냈다. 그 형제도 포도를 받고서 역시 간절히 그것이 먹고 싶으면서도 다른 형제에게 주었다.

14

이런 식으로 그 포도는 많은 형제들에게 계속 전해졌으며, 아무도 그것을 먹지 않았다. 마지막으로 그것을 받은 형제는 훌륭한 선물을 보낸다고 생각하면서 그것을 다시 마카리우스에게 보냈다. 그 포도를 받은 마카리우스는 이 일의 전말을 자세히 알아보고는 크게 놀랐으며, 형제들에게 그러한 자제력을 주신 주님께 감사를 드렸다. 결국 마카리우스도 그 포도를 먹지 않았다.

15

어느 날 마카리우스가 사막에 있는 자신의 동굴에서 기도하고 있었다. 마침 그 근처의 다른 동굴 속에는 하이에나가 살고 있었다. 그가 기도하고 있는데 갑자기 하이에나가 나타나 그의 발을 핥기 시작했다. 그리고는 그의 옷자락을 살짝 물고는 그를 동굴 쪽으로 끌고 갔다. 마카리우스는 "이 동물이 도대체 무엇을 원하는 것인지 모르겠다"면서 따라갔다.

16

하이에나는 마카리우스를 자신의 동굴로 인도하여 들어가더니 새끼들을 데리고 나왔다. 그 새끼들은 나면서부터 소경이었다. 그는 그것들을 위해 기도해 주고는 앞을 보게 해 주었다. 어미는 감사의 표시로 커다란 양가죽을 가져와 그의 발 앞에 놓았다. 마카리우스는 친절하고 다정한 사람에게 미소를 짓듯이 하이에나를 향해 미소를 짓고는 그 가죽을 가져와서 깔고 앉았다. 이 가죽은 지금도 어느 형제가 가지고 있다.3)

17

어느 악한 사람이 동정을 바친 처녀를 암말로 바꾸어 놓았다. 처녀의 부모는 그 처녀를 마카리우스에게 데리고 와서는 다시 사람으로 만들어 달라고 애원했다. 마카리우스는 그 처녀를 7일 동안 자신의 방에 가두어 놓고 자신은 다른 수실에서 기도했다. 그 동안 처녀의 부모는 근처에 머물며 기다렸다. 7일째 되는 날 그는 처녀의 부모와 함께 방에 들어가서 그녀의 온 몸에 기름을 발랐다. 그러고 나서 그는 무릎을 꿇고 그들과 함께 기도했다. 기도를 마치자, 그녀는 다시 아름다운 처녀로 변해 있었다.4)

---

3) Cf. *Lausiac History* c. XVIII. 그 양가죽은 그의 사후에 유품으로 멜라니아에게 주었다고 한다.

4) 루피누스가 번역한 역본과 *Luasiac History* c. XVII을 보면, 소녀는 다른 사람들의 망상의 희생물이었다고 한다.

아모운

1

마카리우스 이전에 아모운 $_{Amoun}$1)이라는 니트리아 출신 수도사가 있었다. 안토니는 이 수도사의 영혼이 하늘나라를 향해 가는 것을 보았다. 그는 니트리아에 정착한 최초의 수도사였다. 그는 부유한 귀족 출신이었다. 그의 부모는 그의 뜻과는 상관없이 그를 결혼시키려 했다. 부모가 그에게 결혼을 강요했기 때문에, 아모운은 신방에서 신부와 서로 동정을 지키기로 비밀리에 약속했다.

2

며칠 후에 그는 니트리아를 향해 떠났다. 한편, 신부는 자기의 하인들에게 독신 생활을 택하라고 권하고 집을 수도원으로 만들었다.2)

---

1) 니트리아의 아모운: *Lausiac History* c. VIII and p.190, n.16.
2) *Lausiac History*에서는 수녀들 및 수녀원에 대해서 자주 언급하고 있다.

3

아모운이 니트리아에서 독수도를 하고 있을 때, 사람들은 광견병에 걸린 아이를 쇠사슬로 묶어 그에게로 데려왔다. 미친개에게 물려 그 병에 걸린 것이다. 소년은 얼마나 고통이 심한지 온몸이 경련을 일으키고 있었다.

4

아모운은 소년의 부모에게 말했다. "친구여, 치료법은 당신들의 수중에 있는데, 어찌하여 내 소관이 아닌 일을 나에게 청합니까? 당신은 미신 때문에 과부의 황소를 죽였는데, 그 과부에게 황소를 갚아 주십시오. 그러면 당신 아들의 건강이 회복될 것입니다." 자기들의 죄가 폭로되었으므로, 소년의 부모는 아모운의 말대로 행했다. 그리고 소년의 아버지가 기도를 하자 소년은 곧 회복되었다.

5

한번은 두 사람이 아모운을 찾아왔다. 성인은 그들의 내적 성향을 시험해 보려고 그들에게 말했다. "방문객들을 영접하는 데 사용할 물을 넉넉하게 담아둘 수 있는 항아리를 가져오시오." 그들은 항아리를 가져오겠다고 약속했다. 그런데 마을에 도착했을 때, 일행 중 한 사람의 마음이 변했다. 그는 다른 사람에게 말했다. "항아리를 낙타에 실으면 낙타가 죽을 텐데, 나는 낙타를 죽일 수 없습니다."

6

이 말을 듣고서, 다른 한 사람은 자기의 나귀들에게 멍에를 얹고서 힘들게 항아리를 운반했다. 그는 아모운에게 아무 말도 하지 않았는데, 아모운은 이렇게 말했다. "그대가 이곳으로 오는 동안 당신 동료의 낙타가 죽었으니 도대체 무슨 일이 있었습니까?" 마을로 돌아가 보니, 동료의 낙타는 늑대들에게 물려 죽어 있었다.

7

성인은 많은 사람들이 보는 가운데 그 밖에도 많은 기적을 행했다. 한 번은 안토니가 그를 부르러 몇 명의 수도사를 보냈다. 안토니는 좀 더 깊은 사막에서 살고 있었기 때문이다. 그들은 돌아오는 길에 나일 강 지류에 도달했다. 형제들이 보니 갑자기 아모운은 건너편 강둑에 도착해 있었다. 그러나 그들은 헤엄을 쳐서 강을 건넜다.

8

그들이 안토니가 있는 곳에 이르렀을 때, 안토니가 먼저 아모운에게 말했다.

"하나님께서는 당신에 대해 내게 많은 것을 계시해 주셨고, 당신이 이 세상을 떠나게 되었다는 것도 알려 주셨습니다. 그래서 나는 우리가 함께 지내면서 서로를 위해 중보기도를 하려고 당신을 이리로 오시라고 했습니다."

9

그런 다음 그는 아모운을 약간 떨어진 곳에 있게 하고서는 세상을 떠날 때까지 그곳을 떠나지 말라고 말했다. 아모운이 완전히 세상을 떠날 때 안토니는 천사들이 그의 영혼을 하늘나라로 데려가는 것을 보았다.

알렉산드리아의 마카리우스

1

마카리우스Macarius[1]라는 이름을 가진 사람이 또 한 명 있었다고 한다. 그는 최초로 스케테Scetis[2]에 은둔처를 지은 사람이다. 이곳은 니트리아에서 사막으로 하루 밤낮을 걸어가야 하는 곳에 있는 황무지였다. 그곳을 여행하는 것은 대단히 위험했다. 자칫하면 사막에서 길을 잃고 생명을 잃을 수 있었다. 그곳에서 생활하는 수도사들은 모두가 완전함을 얻은 사람들이었다. 사실 불완전함이 가득한 사람은 그곳에 머물 수 없을 것이다. 왜냐하면 그곳은 험하고 황량하며 모든 생필품이 부족한 곳이었기 때문이다.

---

1) 알렉산드리아의 마카리우스는 원래 사탕 장사였는데 40세 때 수도사가 되어 스케테로 갔다. 그는 293년경에 태어나 약 100년 동안 살았다. 그는 이집트에서 팔라디우스를 만나 훈련시켰다. 그는 니트리아를 비롯하여 네 곳에 수도처를 가지고 있었다; cf. *Lausiac History* c. XVIII.

2) 스케테(Scetis)는 니트리아에서 사막을 가로질러 40마일 거리에 있는 나트룬 와디(우기에만 물이 있는 골짜기)이다. Cf. White, pp. 17-24.

2

지금 언급하고 있는 마카리우스는 수도인 알렉산드리아 출신이었다. 어느 날 그가 위대한 마카리우스를 만났다. 두 사람은 나일 강을 건너야 했다. 그들은 커다란 배를 탔는데, 그 배에는 두 명의 호민관이 타고 있어 소란했다. 그들은 완전히 구리로 덮힌 마차와 황금 재갈을 물린 말, 호위하는 군사들, 그리고 황금 띠를 두르고 있는 하인들을 거느리고 있었다.

3

호민관들은 누더기를 입고 한 쪽 구석에 앉아 있는 수도사들을 보고는 그들의 검소한 생활을 찬양했다. 그중 한 호민관은 "세상을 조롱한 자여, 당신이 복이 있도다 *macarioi*"라고 말했다.

4

알렉산드리아의 마카리우스가 그 말을 듣고 말했다. "우리는 세상을 조롱했지만. 세상은 당신을 조롱합니다. 당신이 한 말은 당신 자신이 한 것이 아니라, 예언적 영감에 의해 말한 것입니다. 우리 두 사람 모두 마카리우스 Macarius 라는 이름을 가졌습니다." 이 말을 듣고서 양심의 가책을 느낀 호민관은 집으로 가서 제복을 벗어버렸다. 그리고 자신의 재산으로 가난한 사람들을 구제한 후에 수도생활을 선택했다.

폴

1

안토니의 제자 중에 폴$_{Paul}$[1])이라는 사람이 있었다. 그에게는 "단순한 사람"이라는 별명이 있었다. 그는 아내가 간음하는 것을 현장에서 붙잡았는데, 그 사실을 아무에게도 말하지 않고 안토니를 찾아 사막으로 갔다. 그는 안토니의 발 앞에 엎드려서 구원 받기를 원하니 그와 함께 살게 해 달라고 애원했다. 안토니가 말했다. "순종하면 구원받을 수 있습니다. 내가 무엇이든지 당신에게 말하는 것을 그대로 하십시오." 폴은 "무엇이든지 당신이 명하시는 대로 하겠습니다"라고 대답했다.

2

안토니는 그의 심성을 시험해 보기 위해서 그에게 "내가 나가서 당신이 해야

---

1) 단순한 폴: cf. *Sayings of the Desert Fathers*, Paul the Simple, and *Lausiac History*. 폴이라는 이름의 수도사들이 여럿 있었다(*Lausiac History*, vol. II, p. 201, n. 40). 그러나 위대한 성 안토니의 제자인 이 사람은 단순한 마음과 엄격한 훈련으로 특징지을 수 있다. 여기에 수록된 것은 그의 절대적인 순종의 일례에 불과하다.

할 일감을 가져올 때까지 이곳에 서서 기도하십시오"라고 말했다. 그리고 는 동굴 속에 들어가서 창문으로 폴을 지켜보았다. 폴은 일주일 내내 뜨거운 태양 볕 아래서 움직이지 않고 있었다.

3

일주일이 지난 후에 안토니는 동굴에서 나와 폴에게 "와서 음식을 드십시오"라고 말했다. 그는 식사를 준비하여 음식을 차려 놓고는 "앉으십시오. 그리고 저녁까지 먹지 말고 음식을 바라보기만 하십시오"라고 말했다.

4

저녁이 되었다. 폴은 그때까지도 음식을 먹지 않고 있었다. 안토니는 그에게 "일어나서 기도하고 주무십시오"라고 말했다. 폴은 식탁에서 일어나 안토니가 말한 대로 했다. 한밤에 안토니는 폴을 깨우더니 9시까지 기도하라고 했다. 그 후에 그는 식사를 준비하고는 다시 폴에게 먹으라고 명했다.

5

폴이 겨우 빵 두 조각을 먹었을 때 안토니는 그에게 물을 마시지 말고 일어나라고 했다. 그리고는 그를 사막으로 내보내면서 "사흘 후에 돌아오시오"라고 말했다.

6

그가 돌아온 후에, 몇 명의 형제들이 안토니를 만나러 왔다. 폴은 안토니가 자기에게 시킬 일을 기다렸다. 안토니는 "아무 말도 하지 말고 그 형제들의 시중을 드시오. 그리고 그들이 다시 여행을 떠날 때까지 아무것도 먹지 마시오"라고 말했다.

7

그 형제들이 머무는 사흘 동안 폴은 아무것도 먹지 않았다. 형제들은 폴에게 왜 아무 말도 하지 않느냐고 물었다. 폴은 대답을 하지 않았다. 그때 안토니는 폴에게 "왜 말을 하지 않습니까? 형제들에게 말하십시오"라고 말해 주었다. 그제야 그는 그들에게 말을 했다.

8

한 번은 폴이 안토니에게 꿀 한 단지를 사다 주었다. 그런데 안토니는 "그 단지를 깨뜨려 꿀을 쏟아 버리십시오"라고 말했다. 폴을 그의 말대로 했다. 안토니는 이번에는 "그 꿀을 숟가락으로 다시 모으되, 먼지가 하나도 섞이지 않게 하시오"라고 말했다.

9

또 한 번은 그에게 종일 물을 길으라고 했다. 그는 폴에게 바구니 짜는 법을 가르쳐 주고는 며칠 후에 폴에게 그 바구니들을 모두 다시 풀어 놓으라고 명령했다. 그는 자신의 옷을 모두 뜯어 놓은 후에 폴에게 그것을 다시 꿰매라고 명령했다. 그는 그 옷을 몇 번이나 뜯었고, 그 때마다 폴은 그것을 다시 꿰맸다.

10

이 제자가 절대적인 순종을 배우게 되자, 하나님께서는 그에게 귀신을 쫓아내는 은혜를 주셨다. 실은 하나님께서는 안토니가 쫓아내지 못한 귀신들을 폴에게 보냈으며, 폴은 그 귀신들을 즉시 쫓아냈다.

피암모나스

1

이집트의 바다 가까이에 또 하나의 사막이 있다. 그곳은 대단히 거칠고 끔찍한 곳이었는데, 그곳에는 많은 위대한 은수사들이 살고 있다. 그곳은 디올코폴리스 Diolcopolis[1] 근처이다.

2

그곳에서 우리는 피암모나스 Piammonas[2]라는 사제를 만났다. 그는 거룩하고 겸손한 사람이었는데, 이따금 환상을 보았다. 한번은 성찬예배를 거행하고 있는 동안, 천사가 제단 오른 편에 서 있는 것을 보았다. 그 천사는 성찬을 받으러 나오는 형제들을 주시하며 책에 그들의 이름을 기록하고 있었다. 그가 보니 성찬 예배에 참석하지 않은 형제들의 이름은 지워져 있었다. 실제로 13일 후에 이 형제들은 세상을 떠났다.[3]

---

1) *Diolcopolis*(=*Diolcos*)는 나일 강 연안에 위치한 도시이다; cf. Cassian, *Institutes* V 36, *Conferences* XVIII i.
2) 피암모나스는 카시안이 이집트에서 만난 최초의 교사였다.

3

어쩌다가 마귀들이 이 교부를 괴롭히며 매우 연약하게 만들 때에는 그는 제물을 드리러 제단 앞에 서 있는 것조차 힘들었다. 그러나 천사가 나타나 그의 손을 잡으며 그에게 힘이 넘치게 해 주었고, 건강하게 제단 앞에 세워 주었다. 형제들은 그에게 가해진 고문의 흔적을 발견하고는 크게 놀랐다.

---

3) 이 이야기는 나중에 널리 퍼졌다. 클레르보의 버나드에 관한 그와 유사한 이야기를 보려면 *Exordium Magnum Cisterciense*, ed. B. Griesser, Rome 1961, Bk. II c. iii pp.100-101을 참조하라.

존

디올코스Diolcos에서 우리는 존John[1]이라는 사람을 찾아갔다. 그는 은수사들의 아버지였다. 그 역시 많은 은혜를 받은 사람이었다. 그는 마치 아브라함처럼 보였으며, 그의 수염은 아론의 수염 같았다. 그는 많은 기적을 행하고 병자를 고쳐주었는데, 특히 통풍이나 중풍에 걸린 사람들을 낫게 해 주었다.

---

[1] 카시안은 디올코스에서 존을 만났다.

후기

1

우리는 이들 외에도 이집트 전역에서 많은 표적과 기사를 행하는 많은 수도사들과 교부들을 만났다. 그들은 너무나 많기 때문에 그들 모두에 대해 언급할 수는 없다. 그리하여 우리는 그들을 대표할 수 있는 몇 사람들을 선택했다. 시에네 syene 지방에 있는 상부 테베에서는 무수히 많은 수도사들을 발견할 수 있다. 그곳에 대해서 누가 어떻게 말로 설명할 수 있겠는가? 인간의 능력을 초월한 그들의 금욕 훈련은 믿을 수 없을 정도이다.

2

오늘날까지도 그들은 죽은 자들을 일으키며, 베드로처럼 물 위를 걷기도 한다. 그리고 구세주께서는 성도들을 통해 행하신 모든 일들을 들 수도사들을 통해서 오늘 우리 시대에서도 행하신다.

3

리코 너머로 올라가는 것은 산적들의 공격을 받게 되어 대단히 위험했기 때문에 우리는 이 성인들을 방문하지 못했다. 사실상 앞에서 언급한 교부들을 방문한 것은 그리 위험하거나 어려운 일이 아니었다. 또 이 책에 우리가 목격한 것을 기록하는 일은, 그리 큰 노력을 요하는 일도 아니었다. 우리는 여행 중에 많은 고난을 겪었으며, 이러한 일들을 보기까지 목숨을 잃을 위험에 처하기도 했다. 사실 우리는 일곱 번이나 죽을 뻔했으며 여덟 번째에는 악이 우리에게 미치지 않았다.

4

첫 번째로, 우리는 닷새 동안 밤낮으로 사막을 걸어 다니면서 배고픔과 목마름 때문에 거의 기절할 지경에 이르렀다.

5

두 번째로, 우리는 가시덩굴이 가득한 늪지대에 들어갔는데, 발이 너무나 따가워서 너무도 고통스러웠다.

6

세 번째로는, 허리까지 잠기는 늪에 빠졌는데 우리를 구해줄 사람이 없었다.

우리는 다윗처럼 "하나님이여 나를 구원하소서 물들이 내 영혼까지 흘러왔 나이다 내가 설 곳이 없는 깊은 수렁에 빠지며 깊은 물에 들어가니 큰 물이 내게 넘치나이다 나를 수렁에서 건지사 빠지지 말게 하소서"(시 69:1, 2, 14)라고 외쳤다.

7

네 번째로는, 나일 강 물이 불어 사방이 물바다가 되었다. 우리는 사흘 동안 물속을 걸어 다녔는데, 물 밑에 있는 웅덩이에 빠질 뻔한 적이 많았다. 그럴 때마다 우리는 "큰 물이 나를 엄몰하거나 깊음이 나를 삼키지 못하게 하시며 웅덩이로 내 위에 그 입을 닫지 못하게 하소서"(시 69:15)라고 소리쳤다.

8

다섯 번째에는, 우리는 해안을 따라 디올코스를 향해 가다가 강도들을 만났다. 그들은 우리를 잡으려고 쫓아왔고 우리는 숨이 턱에 닿을 정도로 뛰었다. 그들은 약 10마일이나 우리를 쫓아왔다.

9

여섯 번째로는, 나일 강에서 배를 탔는데, 그 배가 뒤집어져 우리 모두 물에 빠져 죽을 뻔했다.

10

일곱 번째로, 우리는 마레오티스~Mareotis~ 호수2)가에 있었다. 그곳은 파피루스가 생산되는 곳이었는데, 우리는 조그만 무인도에서 돌아다녔다. 우리는 사흘 동안을 꼬박 폭풍우가 몰아치는 노천에서 지내야 했다. 그 때는 주현절~Epiphany~3)이었다.

11

여덟 번째 이야기는 할 필요가 없고 유익하지도 않다. 우리는 니트리아로 가는 도중에 습지대 가운데 있는 계곡을 지나치게 되었다. 범람했던 주변 지역으로 물이 빠지면 많은 악어들이 궁지에 빠졌다.

12

그 연못 한 쪽에 커다란 악어 세 마리가 있었는데, 우리는 그것들이 죽었다고 생각하고 구경하고 있었다.

---

2) Cf. *Lausiac History* c. VII. 4세기 경 이 호수는 지금보다 훨씬 큰 호수였을 것이다. 이 지방에 대해서 알려면, A. de Cosson, *Mareotis*, London 1935, esp. c. VII, 'Early Monastic Communities'을 보라.

3) 주현절(1월 6일). 이것은 돌아오는 여행 날짜를 표시한다.

13

그런데 갑자기 악어들이 우리에게 덤벼들었다. 우리는 큰 소리로 "그리스도여, 도와주소서"라고 외쳤다. 악어들은 마치 천사가 돌아가게 한 것처럼 물 속으로 들어갔다. 우리는 니트리아를 향해 가는 동안 잠시도 쉬지 않았으며 "여섯 가지 환난에서 너를 구원하시면 일곱 가지 환난이라도 그 재앙이 네게 미치지 않게 하시리라"(욥 5:19)고 기록된 욥의 말을 묵상했다.

14

이러한 위험에서 우리를 구원해 주시고 그처럼 놀라운 광경들을 보여주신 주님께 감사한다. 주님께 영원토록 영광을 돌릴지어다. 아멘.

참고문헌

Aetheria, *Egeria's Travels*, trans. and notes by John Wilkinson, London, 1971.

Ammonas, *Letters of Ammonas*, English trans. Derwas Chitty, SLG Press, 1979.

Antony the Great, *The Letters of St. Antony*, trans. Derwas Chitty, SLG press, 1977.

Apophthegmata Patrum, Alphabetical Series, ed. PG 65, cols 71-440. English trans. Benedicta Ward *The sayings of the Desert Fathers,* Mowbray, 1975. Systematic Series, partial translation Benedicta Ward, *Wisdom of the Desert Fathers*, SLG Press, 1979.

Athanasius, *Vita S. Antonii,* PG 26, cols 835-976. English trans. R.T. Meyer, ACW, London, 1950.

Basil St, *Opera Omnia*, ed. Garnier, Paris, 1721-30; PG 29-32.

Cassian, John, *Institutes*, ed. and trans. J.-C. Guy, SC 109. *Conferences*, ed. and trans. E. Pichery, SC 42, 54, 64.

Cyril of Scythopolis, *Vitae Euthymii, Sabae* etc., French trans. A.-J. Festugière in *Les Moines d'Orient* III, Paris, 1961-3.

Eusebius, *Historia Ecclesiastica*, ed. and trans. K. Lake, London, 1926.

Evagrius Ponticus, *Opera Omnia*, PG 40, cols 1213-86. English trans. of *Praktikos,* John Eudes Bamberger, Kalamazoo, 1967.

Jerome St, *Opera Omnia*, PL 22-30. Letters trans. C. C. Mierow, *The Letters of St Jerome*, ACW, London, 1963.

Pachomius, *Vita Prima*, ed. A.-J. Festugière, test and trans. in *Les Moines d'Orient*, Paris, 1965.

Palladius, *Lausiac History*, ed. C. Butler, *Texts and Studies* 6, Cambridge, vol. I, Prolegomena, 1989; vol. II, introduction and text, 1904. English trans. R. T. Meyer, *The Lausiac History*, ACW, London 1965.

Rufinus, *Historia Monachorum in Aegypto*, PL 21, cols 387-462.

Socrates, *Historia Ecclesiastica*, PG 67, cols 29-872, ed. Hussey, 3 vols, Oxford, 1853.

Sozomen, *Historia Ecclesiastica*, PG 67, dols 844-1630, ed. Hussey, Oxford, 1860.

_____ Theodoret, *Historia Ecclesiatica*, ed. Gaisford, Oxford, 1954. *Histoire des Moines de Syrie*(I), ed. and trans. Pierre Canivet, SC 234, Paris, 1977.

Abel, F.-M., *Géographie de la Palestine*, 2 vols, Paris, 1933, 1938.

Batiffol, Pl, *Études de liturgie et d'archaeologie chrétienne*, Paris, 1919.

Brown, Peter, *The World of Late Antiquity*, London, 1971. The Making of Late Antiquity, Harvard, 1978. 'The Rise and Function of the Holy Man in Late Antiquity' *Journal of Roman Studies* 61(1971), 80-101.

Budge, E. Wallis, *The Wit and Wisdom of the Desert Fathers*, Oxford, 1934.

_____ *The Pasradise of the Holy Fathers*, 2 vols, London, 1907.

Chadwick, Owen, *John Cassian*, Cambridge, 1950.

Chitty, Derwas, *The Desert a City*, Oxford, 1966.

Clarke, Somers, *Christian Antiquies of the Nile Valley*, Oxford, 1912.

_____ de Cosson, A., *Mareotis*, London, 1938.

Dawes E. and Baynes N. H., *Three Byzantine Saints*, Oxford, 1948/1979.

Delehaye, H., *Les origines du culte des martyrs*, Brussels, 1912.

Devos, Paul, "Les nombres dans l'historia Monachorum in Aegypto,' *Anal. Boll.* 92(1974), 97-108.

Draguet, R., 'L'Histoire Lausiasque, une oeuvre écrite dans l'esprit d'Evagre', *Révue d'Histoire ecclésiastique*, 1946, 321-364.

Evelyn White, H. G. The Monasteries of the Wadi'n Natrun: part II, *The History of the Monasteries of Nitria and Scetis*, New York, 1932-7.

Festugière, A.-J. *Les Moines d'Orient: I. Culture et Sainteté*, Paris, 1961.

_____ II. *Lives of Hypatius and Daniel the Stylite*, Paris, 1962

_____ III. *Cyril of Scythopolis Lives*, Paris, 1962-3.

_____ IV *Historia Monachorum and Vita Prima of Pachomius*, Paris, 1965.

_____ (French translations with notes). *The Greek text of the Historia Monachorum, Subsidia Hagiographia* 34, Brussels, 1961.

Frank, T., *An Economic History of rome*, Baltimore, 1927.

Grabar, A., *Martyrium*, Paris, 1946.

Guillaumont, A., 'Les fouilles francaises des Kellia' see Wilson, R. McL., below.

Hardy, E. R., *Christian Egypt:Church and People*, New York, 1931. *The Large Estates of Byzantine Egypt*, Oxford, 1931.

Hausherr, I., *Penthos, Orientalia Christiana Analecta* 132, Rome 1942.

Jones, A. H. M., *The Later Roman Empire* 284-602, Oxford, 1964.

Kasser, R., 'Fouilles Suisses aux Kellia', see Wilson R. McL., below.

Kelly, J., *Jerome, his Life, Writings, and Controversies*, London, 1975.

MacKean, W. H., Christian Monasticism in Egypt tothe Close of the Fourth Century, London, 1920.

Merton, Thomas, *The Wisdom of the Desert*, London, 1960.

Murphy, F. K., Rufinus of Aquileia(345-411): His Life and Works, Washington 1945.

Petrie, Sir W. M. F., *A History of Egypt: vol. v, Egypt under Roman Rule*, J.G. Milne, London, 1924.

Pitra, J., Juris. *Ecclesiastici Graecorum, Hisoria et Monumenta*, 2 vols, Rome, 1864.

Preuschen, El, *Palladius und Rufinus:ein Beitrag zur Quellenkunde des altesten Monchtums*, Giessen, 1897.

Rostovtzeff, M., *Social and economic History of the Roman Empire*, Oxford, 1926.

Rousseau, P., *Ascetics, Authority, and the Church in the age of Jerome and Cassian*, Oxford, 1978.

Telfer, W., 'The Trustworthiness of Palladius', *Journal of Theological Studies* 38(1937), 379-383.

Thélamon, F., 'Modèleses du monachisme oriental selon Rufin d'Aquilée,' *Anticlita Altoadriatiche* 12(1977), 323-325.

Veilleux, A., *La liturgie dans le cénobitisme pachômien au quatrième siécle*, Studia Anselmiana 57, Rome, 1968.

Waddell, H., *The Desert Fathers,* London, 1936.

Ware, K., 'The Monk and the Married Christian: comparisons in early monastic sources,' *Eastern Churches Revue*(1974), 72-84.

Wilson, R. McL., *The Future of Coptic Studies*, Leiden, 1978.

연대표

251년	안토니 탄생
285년	안토니가 피스피르로 은거함
292년	파코미우스 탄생
293년	알렉산드리아의 마카리우스 탄생
300년	이집트의 마카리우스 탄생
305년	아폴로 탄생
313년	안토니가 홍해 곁에 있는 깊은 산으로 들어감
	파코미우스가 세례를 받음
320년	파코미우스가 타벤니시에 공동체를 세움
328년	알렉산드리아의 아타나시우스 감독
330년	아타나시우스가 테베로 오다
	아모운이 니트리아로 가다(?)
	이집트의 마카리우스가 스케테로 가다(?)
333년	알렉산드리아의 마카리우스가 세례를 받다
338년	안토니가 알렉산드리아와 니트리아를 방문하다
	켈리아 설립
340년	아타나시우스, 암모니우스와 이시도레가 로마로 가다. 수도 사상이 서방에 전파됨
346년	파코미우스 사망
350년	리코폴리스의 존이 은둔 생활을 시작하다

355년	알렉산드리아의 마카리우스가 수도사가 되다
356년	안토니 사망
357년	아타나시우스가 Vita S. Antonii를 저술하다
361-363년	배교자 줄리안 황제
365년 (혹은 373년)	수도사들에 관한 최초의 세속 칙령(발렌스)
373년	아타나시우스 사망
	멜라니아가 이집트로 가다
	루피누스가 이집트로 가다
379년	테오도시우스 황제
383년	에바그리우스가 니트리아로 가다.
385년	제롬과 파울라가 이집트로 와서 니트리아를 방문함
	아폴로가 바윗에 공주수도원을 세움
	에바그리우스가 켈리아로 가다
	카시안과 게르마누스가 이집트에 도착하다.
388년	팔라디우스가 이집트로 와서 알렉산드리아, 니트리아. 켈리아를 방문하다
390년	이집트인 마카리우스 사망
391-2년	세라페움 멸망
393년	헤르모폴리스 파르바의 디오스코루스 감독
	알렉산드리아의 마카리우스 사망
394년	아르세니우스가 스케테로 가다(?)
	팔라디우스와 예루살렘 출신의 7명의 수도사가 리코폴리스의 존을 방문하다.
395년	리코폴리스의 존 사망
	테오도시우스 사망
399년	에바그리우스 사망
	테오필루스의 유월절 서신
	카시안이 이집트를 떠나다

	테오필루스가 오리겐을 대적하다.
400년	알렉산드리아 종교회의에서 오리겐주의를 정죄함
	훌륭한 수사들이 이집트를 떠나 유랑함
403년	유랑하던 수도사들이 돌아옴
404년	제롬이 파코미우스의 규율집을 번역함
405년	HM 저술
405-10년	루피누스가 HM을 번역함
407-8년	스케테의 제1차 참화
412년	알렉산드리아의 키릴 감독
	팔라디우스가 이집트를 떠나다
419-20년	Lausiac History 저술
420-30년	카시안이 Institutes와 Conferneces 저술
440년	데오도렛이 Philotheos Historia 저술